Steffen Busch

New Work Recruiting-Gespräche

Steffen Busch

New Work Recruiting-Gespräche

Impulse für ein Umdenken in Zeiten neuer Erwartungen an Arbeit

DE GRUYTER

ISBN 978-3-11-223053-4
ISBN 978-3-11-223054-1 (PDF)
ISBN 978-3-11-223055-8 (EPUB)
DOI https://doi.org/10.1515/9783112230541

Library of Congress Control Number: 2026933268

Bibliografische Information der Deutschen Nationalbibliothek
Die Deutsche Nationalbibliothek verzeichnet diese Publikation in der Deutschen Nationalbibliografie; detaillierte bibliografische Daten sind im Internet über http://dnb.dnb.de abrufbar.

De Gruyter und Walter de Gruyter GmbH sind Teil von De Gruyter Brill.
www.degruyterbrill.com

Fragen zur allgemeinen Produktsicherheit:
productsafety@degruyterbrill.com

Einbandabbildung: Cristina Gaidau/iStock/Getty Images Plus (M)

Inhaltsverzeichnis

1 Vorworte

„Stellen Sie sich vor Sie wären ein Tier. Welches wären Sie dann und warum?“

So endete ein Vorstellungsgespräch bei meinem zweiten Arbeitgeber, als ich mich mit Mitte zwanzig aufmachte, zu einem, wie man damals so sagte „Next step“, den ich nach zweieinhalb Jahren im Berufsleben per Selbstverständnis einer dollen Karriere für unbedingt geboten erachtete. Stets beflissen, wie ich war, antwortete ich auf die Tier-Frage damals irgendeinen halbwegs professionellen, sozialerwünschten und vor allem einstudierten Mumpitz und orakelte etwas vom Adler, Freiheit, Draufsicht von oben, Stärke und Eleganz. Oder so. Denn ich war ja wie immer gut vorbereitet und halbwegs von mir – und wie man in einer solchen Situation zu sein hätte – überzeugt. Und ob der Schein eher als das Sein im Vordergrund stand, war mir seinerzeit, glaube ich, auch eher egal. Ich hatte ja zuvor ganz passabel meinen Lebenslauf chronologisch heruntergebetet, und zu jeder Station genau eine Frage der Personalchefin beantwortet. Ohne weitere Nachfragen. Musste also doch irgendwie passen so.

Derlei mäßig valide Persönlichkeitstests mittels kess aneinandergereihter Personalerfragen beobachtete ich später als Bewerber, als rekrutierende Führungskraft oder als jemand, der Headhunter beauftragte, immer wieder. Es waren als Gespräch getarnte CV-Vorlesestunden, die sich obendrein weitgehend mit der Vergangenheit beschäftigten, anstatt eine gemeinsame Zukunft zu thematisieren.

Und auch heute als rekrutierender Personalberater nehme ich das eingeübte und stereotype CV-Herunterbeten fast schon als Normalfall wahr – als Normalfall sogenannter Vorstellungsgespräche oder Interviews. Sogenannter, weil ich lieber den Begriff „Recruiting-Gespräch“ verwenden möchte, da auch Gespräche, die im Rahmen einer Einstellung erfolgen, vielseitiger, interessanter und partnerschaftlicher sein sollten, als dies ein Vorstellen oder Interviewen möglich machen.

Ich möchte aber gar nicht pauschal die eingangs bemühte Personalerfrage nach dem Tier verurteilen, die es übrigens auch mit Autos gibt, und deren Grundidee uns als „Koans“ oder „Zen-Fragen“ in diesem Buch noch einmal begegnen wird. Mich stört vielmehr die daraus resultierende inszenierte Bemühtheit, die ich in den letzten gut fünfundzwanzig Jahren fortwährend erlebe. Eine Bemühtheit, die das Ziel hat, ein irgendwie „toughes“, mehr oder weniger eloquentes und bitte schön fehlerfreies, die Vergangenheit auf- und abarbeitendes Frage- und Antwort-Spiel zu gewinnen, anstatt wirklich die Selbstreflexion des Bewerbers zuzulassen oder auch mal zu erzwingen. Denn ein Recruiting-Gespräch sollte eigentlich ein Gespräch zwischen zwei oder mehr Personen auf Augenhöhe sein,

 | https://doi.org/10.1515/9783112230541-001

das vor allem eine gemeinsame Zukunft eruiert und zu dieser eine angeregte Diskussion möglich macht.

Es dauerte aber auch bei mir viele Jahre, bis ich dem Vortanzen von Schokoladenseiten und der Mogelpackungen im Recruiting mehr und mehr überdrüssig wurde. Mit etwas Abstand denke ich sogar, dass wohl die Hälfte aller Besetzungsverfahren den überdurchschnittlichen „Verkäufern" zugutekommen und denjenigen, die sich vor allem sehr beflissen vorbereiten, sich aber dann selten authentisch präsentieren müssen. Wie ich selbst oftmals, das sei der Ehrlichkeit halber hier eingeräumt. Am Ende verlieren so wohl immer beide Parteien, wenn kein Gespräch möglich wird. Und auch ich hätte mir rückblickend einen Job auf jeden Fall sparen können oder ihn deutlich abkürzen sollen, hätte ich den Arbeitgeber, und dieser mich, im Recruiting-Gespräch besser kennen gelernt.

Warum Recruiting-Gespräche häufig nicht nur eintönig, sondern vor allem auch ineffizient geführt werden und es selten gelingt Bewerber authentisch kennenzulernen, es aber kaum ein Problembewusstsein dafür gibt, liegt wohl auch am über viele Jahre etablierten Kräfteverhältnis auf dem Arbeitsmarkt zu Gunsten der einstellenden Unternehmen. Und – das kommt dann noch erschwerend hinzu – Recruiting ist, im Gegensatz zu fast allen Gewerken und Disziplinen der Betriebswirtschaftslehre, bis heute weder eine eigene Disziplin noch ein Lehrinhalt an der Uni oder in der beruflichen Weiterbildung. Improvisation ist etabliert und akzeptiert. Strecken mussten sich ja ohnehin jahrzehntelang vor allem der Bewerber und nicht der Arbeitgeber.

Mit diesem Buch möchte ich deshalb einen Impuls geben, Recruiting-Gespräche neu zu denken, sie besser zu strukturieren und eine zeitgemäßere Haltung einzunehmen. Ziel dieses Impulses soll jedoch nicht etwa sein, es den Bewerbern per se „nett zu machen" und vermeintlich lasch und nonchalant zu rekrutieren. Ganz im Gegenteil. Eine neue Art des Recruitings soll Kandidaten vielmehr dazu zwingen sich zu reflektieren und sich in einem Gespräch auf Augenhöhe zu öffnen.

Denn Recruiting-Gespräche sind und bleiben das Recruiting-Tool schlechthin. Raffinierte „people analytics" und Eignungsdiagnostik, mit oder ohne KI, hin oder her. Recruiting-Gespräche leisten, was kein anderes Instrument leisten kann, und kommen bei Einstellungen vom Azubi bis zum Vorstand, vom Bäcker bis zum Unternehmensberater irgendwann auf jeden Fall zum Einsatz. Es gibt zwar in der wissenschaftlichen Literatur[1] eine durchaus auch ambivalente Bewertung zur Aussagekraft vieler Formen von „Interviews", die es zur Kenntnis zu nehmen

1 Vgl. Schuler, Heinz: Das Einstellungsinterview. Hogrefe (2017); und Hofmann, Eberhardt: Einstellungsgespräche erfolgreich führen. Springer Gabler (2015)

gilt, nichtsdestotrotz sind und bleiben Recruiting-Gespräche auch mangels für jeden Arbeitgeber im täglichen Gebrauch handhabbarerer Alternativen, das Instrument der Wahl. Das gute alte „Vorstellungsgespräch“ wird deshalb für die Mehrzahl aller Unternehmen, vom kleinen oder mittelständischen Unternehmen bis zum Konzern, das Instrument bleiben, um Bewerber kennenzulernen. Oder es zumindest zu versuchen. Dass es zu oft beim Versuch bleibt, hat mich unter anderem motiviert, dieses Buch zu schreiben.

Auslösend für das Schreiben dieses Buches waren für mich aber nicht nur die ambivalenten Erfahrungen mit Recruiting-Gesprächen an sich, sondern vor allem auch die gerade auch für das Recruiting einschneidenden, anderen und neuen Erwartungen an Arbeit, die im Recruiting berücksichtigt werden müssen. Erwartungen, die Post Corona, angesichts der Entwicklung von New Work und als Resultat zahlreicher Entwicklungen am Arbeitsmarkt und im Bereich der Unternehmenskulturen der letzten 20 bis 25 Jahre entstanden sind. Der Begriff New Work fasst hierbei viele oder gar alle Entwicklungen zusammen, die für eine moderne, innovationsfreudigere und mitarbeiterorientierte Arbeitswelt im 21. Jahrhundert Bedeutung haben. Und gerade New Work macht ein zeitgemäßes, ein anderes Recruiting unbedingt nötig.

Definitionssache

New Work meint in unserem Kontext die Gesamtheit der modernen und flexiblen Formen der Arbeit bzw. der Arbeitsorganisation. Hinter New Work steht eine bis in die 1970er-Jahre zurückreichende Bewegung und Lehre, die auf die Arbeit des Sozialphilosophen und Anthropologen Frithjof Bergmann zurück geht[2]. Ihm zufolge soll New Work vor allem eine Arbeit sein, die Arbeitnehmende stärkt, statt sie auszubeuten oder krank zu machen.

In diesem Buch geht es dann nicht nur darum zeitgemäß, sondern vor allem auch effizient zu rekrutieren. Effizienz ist damit auch eines der wiederkehrenden Narrative meiner Überlegungen zu einem besseren Recruiting.

Besseres, effizientes Recruiting gelingt dabei mit einem aktivierenden Prozess und mit einer neuen, anderen Recruiting-Philosophie sowie mit besseren Fragen. All dies wollen wir in diesem Text genauer beleuchten.

Wobei dieses Buch von mir als Praktiker für Praktiker geschrieben ist und damit weder eine wissenschaftliche Arbeit noch eine Abhandlung über die Disziplin des Recruitings als Ganzes vom externen Arbeitgebermarketing über HR-Tech und Active Sourcing bis zum Assessment Center oder Aspekten des Arbeitsrechts darstellt.

2 Vgl. Bergmann, Frithjof: *On Being Free*. University of Notre Dame Press (1977)

Definitionssache
Ein Assessment Center (AC) ist ein „umfassend angelegtes eignungsdiagnostisches Verfahren, bei dem mehrere Kandidaten über mehrere Tage untersucht und von mehreren Beurteilern hinsichtlich ihrer Eignung für bestimmte Positionen beurteilt werden." (Gabler Wirtschaftslexikon)[3] In einem AC finden in der Regel Gespräche, Rollenspiele oder Präsentationen sowie Gruppenarbeiten statt.

Ebenso wenig analysiere und validiere ich hier die Relevanz, Eignung und den Nutzen anderer Recruiting-Methoden und eignungsdiagnostischer Verfahren.

Und: meine Ausführungen sind keine Anleitung, um Vorstellungsgespräche zu üben oder ein Ratgeber mit den zehn oder einhundert besten Tricks und Kniffen für Jobsuchende, auch wenn sicherlich und hoffentlich auch interessante Aspekte für die „Gegenseite", die Bewerber, immer wieder in diesem Buch zu finden sind.

Hätten wir also klargestellt, was man hier findet und auch nicht findet, bleibt zu erwähnen, wer hier vor allem etwas finden soll. Die Zielgruppe dieses Buches sind Fach- und Führungskräfte und Personaler die regelmäßig rekrutieren. Wobei eingrenzend vorweggeschickt sei, dass sowohl die angeführte Theorie als auch die als Referenz bemühte Praxiserfahrung sich auf akademische Berufe, also wenn man so will „Bürojobs" und die sogenannte „White Collar"-Arbeitswelt bezieht.

Definitionssache
Die Bezeichnung „White Collar" zitiert das weiße Business-Hemd und bezeichnet Werktätige in Büro- oder Verwaltungsberufen und damit alle „Schreibtischtäter" vom Vorstand bis zum Angestellten, die „geistig" arbeiten – sei es beratend, administrativ-verwaltend oder in Managementfunktionen. Dem gegenüber zitiert ein „Blue Collar" im Wortsinn den deutschen Blaumann und steht für alle, bei denen eher körperliche Arbeit im Vordergrund steht.

Und, das sei der guten Ordnung halber auch noch erwähnt: Ich gendere in diesem Text nicht, wie die, der oder das ein oder andere „Leser/in" vielleicht schon gemerkt hat. Bewerber und Bewerberinnen nenne ich Bewerber, Kandidaten und Kandidatinnen nenne ich Kandidaten und Mitarbeiter und Mitarbeiterinnen eben Mitarbeiter oder Mitarbeitende. Und wenn ich von „dem ein oder anderen" spreche, meine ich natürlich auch „die ein oder andere". Gemeint sind immer alle Geschlechter, die ich alle zu gleichen Teilen schätze und adressieren möchte, auch da ich das Gendern außerhalb eines über einhundert-Seiten langen Buch- und Fließtextes für grundsätzlich zeitgemäß, geboten und richtig erachte.

3 Vgl. Gabler Wirtschaftslexikon: wirtschaftslexikon.gabler.de/definition/assessmentcenter-29751, abgerufen im September 2025

2 Kandidaten verstehen in der schönen, neuen Arbeitswelt

2.1 Gute Gründe und schlechte Erfahrungen

Um neue Erwartungen an Arbeit und, wenn man so will, die „schöne, neue Arbeitswelt“ zu verstehen, bedarf es zunächst einmal eines Verständnisses der volkswirtschaftlichen, gesellschaftlichen und sozialen Entwicklungen, denen sich Arbeitnehmer und Berufstätige in den letzten gut zwanzig Jahren, und nicht erst seit der Corona-Pandemie, ausgesetzt sahen und sehen. Entwicklungen, die im beruflichen wie auch im privaten Umfeld ihre Wirkung für die Arbeitnehmerschaft entfalteten. Wobei gerade das indirekte Erleben und Erleiden der Transformation der Arbeitswelt im privaten Umfeld und bei den Eltern oder älteren Geschwistern der Heranwachsenden und damit bei den Berufstätigen der Zukunft, deren frühe Emanzipation von einem Arbeitgebermarkt vergangener Jahrzehnte und den Realitäten ihrer Elterngeneration erklärt und plausibel macht.

Neue Erwartungen an Arbeit und deren Bedeutung auch für das Recruiting und Recruiting-Gespräch können nur im Lichte dieser Entwicklungen seit den späten neunziger-Jahren des letzten Jahrtausends betrachtet werden. Entwicklungen, die die Arbeitnehmerseele tangieren und traktieren in einer für viele schon abseits des Arbeitsmarktes überfordernden VUCA-Welt.

Definitionssache
VUCA ist das Akronym für volatility, uncertainty, complexity und ambiguity, also Volatilität, Unsicherheit, Komplexität und Mehrdeutigkeit. Es bezeichnet die Herausforderungen in einer von zunehmend unvorhersehbarem Wandel beeinflussten Welt. Der Begriff entstand in den 1990er-Jahren am United States Army War College und diente dazu, eine multilaterale und komplexere Welt nach dem Ende des Kalten Krieges zu beschreiben.

Meines Erachtens muss man diese VUCA-Welt verstehen, um „erwachsen“ rekrutieren zu können, ohne zu sehr mit sich, den Kandidaten, dem Arbeitsmarkt oder neuen und anderen Erwartungen an Arbeit zu hadern. Denn der Arbeitsmarkt tickt inzwischen nun mal anders, und das aus guten Gründen, die häufig aus Erfahrungen resultieren, die Werktätige auch vor 2020 und der Corona-Pandemie gemacht haben.

Wir schauen uns in diesem Kapitel deshalb etwas genauer an, was den Zweifel am Arbeitsethos des letzten Jahrhunderts nährte und was bis heute dazu führt, dass Werktätige kritischer, aber auch selbstbestimmter auf den Arbeitsmarkt, Arbeitgeber, ihre Vorgesetzten und den Sinn Ihrer Arbeit blicken und mit dieser anderen Haltung in den Recruiting-Gesprächen erscheinen.

 | https://doi.org/10.1515/9783112230541-002

Meine Einordnung zum veränderten Selbstverständnis der Arbeitnehmerschaft hat durchaus auch autobiografischen Züge, durfte doch auch ich in bereits sehr frühen Berufsjahren und als damals stets loyaler und wohl auch noch maximal gutgläubiger „Manager" beobachten, was es heißt, wenn „die Braut mal wieder hübsch gemacht werden muss", der Shareholder trudelt oder die mit Verve und viel externer Unternehmensberatungs-Expertise exekutierte Investition sich als eine mit Fehl und Tadel zu Lasten der Kostenstelle „Personal" entpuppte.

Aber der Reihe nach und zurück in die Chronologie der späten neunziger und frühen 2000er-Jahre als Aufbruchjahre für einen Wandel der Arbeitswelt und für andere, neue Erwartungen an Arbeit.

Die „älteren" Generationen der sogenannten Boomer und der Generation X, zu denen auch ich zähle, kannten bis Anfang dieses Jahrtausends wohl zunächst mal nur eines: Wachstum. Und ein warmes Nest in der beschaulichen Bundesrepublik nach dem Wirtschaftswunder der Nachkriegsjahre. Und erst recht in Watte gepackt im Taumel des „Endes der Geschichte"[4] als der Erzählung, dass sich nach dem Zusammenbruch der UdSSR weltweit nun der Liberalismus in Form von Demokratie und Marktwirtschaft unaufhaltsam und unwiederbringlich durchsetzen werde. Man hatte ja gerade die marode DDR wieder halbwegs aufgepäppelt, was sollte einem da noch passieren?

Definitionssache

Die Generationen werden in der derzeitigen Diskussion und im Kontext der Arbeit in etwa wie folgt beschrieben, wobei sich über diese stereotypen Zuweisungen und deren Trennschärfe streiten lässt und man sich immer fragen sollte, ob die heute 50 oder 60-Jährigen als Jugendliche nicht auch diese oder jene Eigenschaft und Eigenart hatten, die man heute geifernd und eifernd „den Jungen" zuschiebt:

Die Babyboomer oder Boomer der Jahrgänge 1950–65 gelten landläufig als leistungsorientiert, diszipliniert, fleißig und loyal gegenüber ihrem Arbeitgeber. Sie sind auf Sicherheit sowie klare Hierarchien bedacht.

Die Generation X oder Generation Golf, sogenannt wegen ihrer Markenaffinität und dem Siegeszug des VW Golf in der Generation ihrer Eltern, sind geboren zwischen 1965 und 1980 und werden als arbeitswillig skizziert, wobei Arbeit bereits Mittel zum Zweck für diese Generation ist.

Ihre Nachfolger, die Generation Y oder Millennials, der 1981 bis 1996 Geborenen, gelten als die ersten „Digitalen". Sie hinterfragen angeblich vieles, schätzen ihre Freiheit, drängen auf

4 Der Begriff „Ende der Geschichte" oder im Original „end of history", wurde vom Politikwissenschaftler Francis Fukuyama 1989 etabliert. Fukuyama argumentierte, dass mit dem Ende des Kalten Krieges der weltweite Siegeszug der liberalen Demokratie und Marktwirtschaft ihren Endpunkt erreicht habe und es zukünftig keine Alternativen zu dem westlichen Gesellschaftsmodell gäbe. Vgl. zum Beispiel de.wikipedia.org/wiki/Ende_der_Geschichte ; abgerufen im Oktober 2025

Selbstverwirklichung und wünschen sich Flexibilität. Sie gelten als leistungsbereit, allerdings vor allem, wenn die Work-Life-Balance stimmt.

Die Generation Z der 1997 bis 2012 geborenen sind die inzwischen viel zitierten „digital natives". Ihnen schreibt man zu, individualistisch zu sein, jedoch mit einem hohen Sicherheitsbedürfnis und auf stetiger Sinnsuche, durchaus auch als Gegenentwurf zur Suche nach Führungspositionen. Sie sehnen sich eher nach einem Nine-to-five-Job, gern trotzdem mit guten Verdienstmöglichkeiten. Work-Life-Balance ist ihnen wichtig und ihre vermeintliche Illoyalität gegenüber Arbeitgebern macht sie zum Prügelknaben der Boulevardpresse und der Boomer.

Das, was andere damals Globalisierung nannten, nahm man jedenfalls eher als Exportchance war, denn als Wettbewerb. Da konnte auch, um meine schwäbische Heimat zu zitieren: „ein Leben lang beim Daimler" noch nicht erschüttert werden. Auch nicht durch ein Elch-bedingtes Umkippen der „neuen" A-Klasse 1997[5]. Die Welt, nicht nur die schwäbische, war wunderbar bi-polar mit einem reichen Westen hier und eben allen anderen dort. Und selbst China war nur die Werkbank und der Spielzeuglieferant in den Augen vieler.

Anfang des Jahrtausends waren Wirtschaft, Arbeitsmarkt und Karrierepläne also irgendwie noch in bester bundesrepublikanischer Ordnung, lässt man das kleine „Hallo-Wach-Erlebnis" der ersten PISA-Studie im Jahr 2000[6] mal außen vor. Und das betraf ja nur die Kinder und Jugendlichen, und deren Wohl und Wehe hatten auch damals schon selten wirklich nachhaltig Politik und Volksseele in Wallung gebracht (Spoiler: Corona).

So war die sogenannte dot-com Krise mit dem Platzen der Spekulationsblase der aufkommenden „Internet-Unternehmen" im Frühjahr 2000 und das Zerbröseln der hart erkämpften Telekom-Aktie dann vielleicht der erste erwachsenere Weckruf, sich das mit der krisenresistenten Ordnung mal genauer anzuschauen. Insbesondere, da es diesmal vor allem die vom Finanzmarkt euphorisierten Kleinanleger, also quasi jeden, traf.

Viele Arbeitnehmer – und ihre heranwachsenden Kinder – erlebten in den Folgejahren in einem zunehmend vom Shareholder-Value getriggerten Wirtschaftssystem, dann immer wieder und oft auch unmittelbar, wie weit die Loyalität der

5 Der Begriff Elchtest „wurde Ende 1997 durch die Presse geprägt, nachdem eine Mercedes-Benz-A-Klasse bei einem Kollisionstest mit einem (simulierten) Elch umgekippt war." Vgl. de.wikipedia.org/wiki/Elchtest, abgerufen im September 2025

6 Im Jahr 2000 wurden erstmals im Rahmen von PISA (OECD Programme for International Student Assessment (PISA) die Kompetenzen von 15-jährigen Schülern erhoben und international verglichen. Mit überschaubar gutem bzw. sehr unterdurchschnittlichen Ausgang für Deutschland im globalen Vergleich. Vgl. Tillmann, Klaus-Jürgen: Pisa und Co – eine kritische Bilanz ; abgerufen unter www.bpb.de/themen/bildung/dossier-bildung/208550/pisa-co-eine-kritische-bilanz im Mai 2025

Arbeitgeberschaft mitunter reichte, nämlich immer öfter nur bis zum nächsten Quartalsbericht.

Die Erkenntnis, dass eventuell jeder ersetzbar ist, dämmerte nun vielen und ebenso viele begannen zu verinnerlichen, dass ein Arbeitsvertrag auch eine jederzeit kündbare Vereinbarung ist und eben kein lebenslanges Eheversprechen. Was in anderen Ländern, insbesondere auch außerhalb Europas, gang und gäbe war, machte so auch hierzulande Schule: die Durchlässigkeit des Arbeitsmarktes in alle Richtungen. Öfter mal den Job zu wechseln oder aus diesem heraus gewechselt zu werden etablierte sich. Etwas, das die Elterngeneratio so nicht kannte. Der Arbeitgeber mutierte in einer vielleicht durchaus auch gesunden Entwicklung, vom lebenslangen Versorger zum Lebensabschnittspartner.

Ein nicht erst seit dem Crash der dot-com-Krise von der Realwirtschaft entkoppelter Finanzmarkt versalzte dann obendrein immer wieder und in schöner Regelmäßigkeit die ein oder andere Kantinensuppe. Dass dabei die bereits mit ihren „Peanuts“-Skandal seit einem Jahrzehnt imagemäßig angeschlagene Deutsche Bank[7], also gefühlt die Mutter aller deutschen Banken, in den Folgejahren noch die Skandale um Breuer und Kirch[8], Ackermann und sein Victory-Zeichen[9] hervorbrachte, stärkte nicht eben den Glauben and die gute, alte bundesdeutsche Volkswirtschaft.

Der Terror des 11. September 2001 tat dann wohl sein Übriges, wider einem allgemeinen Sicherheitsgefühl, nicht nur in Finanzfragen.

Viele Werktätige begriffen im Zuge dieser Entwicklungen und Wirrungen also spätestens seit den frühen 2000er-Jahren, dass da ein System Risse bekom-

7 Der Vorstandssprecher der Deutschen Bank, Hilmar Kopper, benutzte 1994 den Ausdruck „Peanuts“ für offene Handwerkerrechnungen im Wert von 50 Millionen D-Mark im Zuge der Insolvenz des Immobilienunternehmers Schneider. Diese Rechnungen entsprachen zwar nur 1 Prozent der Gesamtsumme beliehener Immobilien, waren aber für die meist kleinen Betriebe von existentieller Bedeutung und führten zu Insolvenzen mit Arbeitsplatzverlusten. Vgl. de.wikipedia.org/wiki/Hilmar_Kopper, abgerufen im Juni 2025

8 Interviewaussagen des Vorstandssprechers der Deutschen Bank, Breuer, zu Lasten der Kreditwürdigkeit des Medienunternehmers Leo Kirch im Februar 2002 kosteten die Bank fast eine Milliarde Euro Schadensersatz und führten zu einem Strafverfahren gegen Vorstandsmitglieder. Vgl. de.wikipedia.org/wiki/Rolf-Ernst_Breuer, abgerufen im Juni 2025

9 Im Zuge der feindlichen Übernahme der Mannesmann AG durch die britische Vodafone hatte Ackermann (Chef der deutschen Bank und im Aufsichtsrat bei Mannesmann) einen Millionenbonus für den Mannesmann-Vorstand eingefädelt. Daraus entstand der Vorwurf der Untreue. Breit grinsend, die Finger zum Victory-Zeichen gespreizt, zeigte sich der Bankier 2004 trotzdem selbstsicher als Angeklagter im Gerichtssaal. Dass er im Frühjahr 2005 ein neues Rekordergebnis der Bank und gleichzeitig den Abbau von über 6.000 Arbeitsplätzen ankündigte, machte ihn nicht eben populärer. Vgl. www.spiegel.de/wirtschaft/mannesmann-prozess-ackermann-rechtfertigt-millionenpraemien-a-446074.html, abgerufen im Juni 2025

men hatte, in dem sie sich bis dato doch sehr sicher und aufgehoben fühlen durften. Eine erste Dämmerung, auch wenn die Hoffnung auf planbare und lineare Karrieren noch vorherrschte.

Die ab 2005 dann gebetsmühlenartig bemühte Erzählung von „Mutti Merkel", dass man sich schon kümmere in Berlin und die Welt da draußen mit Globalisierung, Digitalisierung und dem miesepetrig omnipräsenten Klimawandel den Bürgern schon nichts anhaben würde, verfing dann zunehmend auch nur noch mittelmäßig. Sicher auch, da 2005 die Arbeitslosenzahlen auf ein Nachkriegs-Rekordhoch von über 5,2 Millionen stiegen und die sogenannten Hartz-IV Reformen[10] das Gefühl sozialer Ungleichheit ausbauten. Ein Gefühl, das bis heute anhält und Arbeitskämpfe wie Arbeitsethos fast schon dauerhaft befeuert.

Zwar vernebelte die sonnenbeschienene Bierseligkeit der Fußball WM 2006 nochmal recht erfolgreich die Volksseele, aber vielen Arbeitnehmern schwante mit dem ersten iPhone in der Hand bereits, dass etwas faul war, wenn in atemberaubender Geschwindigkeit einige wenige amerikanische Tech-Konzerne Meinungshoheit, Kommunikationsströme und Börsenwerte an sich reißen konnten. Jedes einzelne Unternehmen der „GAFA's", also Google, Apple, Facebook und Amazon, war bald mehr wert als Mercedes, Bosch und Siemens zusammen. Und dies, nachdem es einem dann auch noch mit dem ersten koreanischen Handy in der Hand ohnehin schon beschlich, bei dem großen Disruptor, der Digitalisierung, in Deutschland nicht gerade im Führerhaus der Geschichte zu sitzen.

Und als hätte die Telekom-Aktie nicht schon genug Kleinanleger-Herzen gebrochen, kam mit der Finanzkrise 2008[11] eine weitere, abstrakt-anonyme Groß-

---

10 „Die Hartz-Kommission unter Vorsitz des VW-Managers Peter Hartz hatte 2002 Vorschläge für eine Arbeitsmarktreform in Deutschland erarbeitet. Diese Konzepte wurden in vier Phasen (Hartz I bis IV) umgesetzt. (...) Mit den Gesetzesreformen Hartz III und IV wurden zwei wichtige Komplexe geregelt: Der Umbau der Bundesanstalt für Arbeit und die Zusammenlegung der Arbeitslosen- und Sozialhilfe. Dreißig Jahre lang hatte die Bundesrepublik ihre Arbeitslosen mit milliardenschweren Unterstützungszahlungen deutlich über dem europäischen Durchschnitt versorgt. Dreißig Jahre lang stiegen die Arbeitslosenzahlen dennoch unvermindert an. Auch deshalb, weil sich die diversen Lohnersatzleistungen bei manchen Arbeitslosen zu einer teils stattlichen Alternative zum Lohn entwickelten. Das sogenannte Abstandsgebot, nach dem Arbeit stets mehr einbringen muss als Nichtarbeit, war verletzt. Mit den von Bundestag und Bundesrat verabschiedeten Reformen von Hartz IV kam es 2005 zu schmerzhaften Einschnitten in der Arbeitslosenhilfe, was bei Gewerkschaften und Sozialverbänden immer noch auf Widerstand stößt." Vgl. Landeszentrale für politische Bildung Baden-Württemberg, www.lpb-bw.de/hartz-gesetze, abgerufen im September 2025

11 Die Finanzkrise bezeichnet eine globale Banken- und Finanzkrise als Teil der Weltwirtschaftskrise ab 2007. Sie war unter anderem Folge eines aufgeblähten Immobilienmarktes in den USA.

krise auf die Weltwirtschaft zu, die Arbeitsplätze und das Unternehmer- und Unternehmenswohl vieler bedrohte.

Das Grundvertrauen in ein Endloswachstum der deutschen Wirtschaft bröckelte also Stück für Stück. Genau wie das Vertrauen in die staatliche Rente mit 63 Jahren, oder war es bereits die mit 65 oder 67? Wenn sie denn überhaupt käme. Und an die Rürup- und Riester-Rente als staatlich subventionierte private Altersvorsorgen glaubte zu dieser Zeit wohl ohnehin nur noch mein Finanz-Berater beim Anblick der hierfür bonierten Beraterprovisionen.

Dass man als junger Mensch das Sozialversicherungsniveau der Elterngeneration als erste Nachkriegsgeneration trotz guter Ausbildung, Arbeitseifer und Gehorsam eventuell nicht so mir-nix-dir-nix erreichen könne, wurde für viele zur Gewissheit. Millionen stellten und stellen sich inzwischen ganz grundsätzlich und im Gegensatz zur Generation ihrer Eltern die Frage: „Wofür das alles?“. „Schaffe, schaffe, Häusle baue“, mutierte vor allem in den 2010er Jahren in fast allen Ballungsräumen zu „schaffe, schaffe, mit Ach und Krach noch die Miete zahlen“.

Die Liste der kleinen und mittelgroßen Rückschläge für die deutsche Wirtschaft vor 2020 und der Corona-Pandemie, lässt sich fortsetzen, sei es mit dem Atomunfall in Fukushima 2011 und dessen Auswirkungen auf die deutsche Energiewirtschaft, dem Kriegsbeginn im Osten der Ukraine 2014, der sogenannte Migrationskrise 2015 und dem unheimlichen und gar nicht „Merkel-mäßige“ Gefühl „Ich glaube, wir schaffen das nicht!“. Wie auch mit vermeintlich kleineren, aber nicht minder emotionalen Baustellen wie dem Seuchen-Airport BER oder Stuttgart 21, die suggerierten, dass es eventuell eine Parallelerzählung zu Wachstum-Wachstum-Wachstum auch und gerade in der Bundesrepublik geben könne.

Und auch, wenn das Zweifeln an dem alten Arbeitsethos aus Kontrolle, Hierarchie und Routinen in Deutschland und Europa immer noch ein Jammern auf hohem Niveau darstellte und darstellt, wirkten und zerrten damit doch schon vor Corona zahlreiche Fliehkräfte am Grundoptimismus der Menschen hinsichtlich ihrer Selbstwirksamkeit durch Ausbildung, Fleiß und Disziplin.

Das alles gilt es zu verstehen, wenn man mit der Arbeitnehmerschaft und ihren aktuellen Sorgen, Nöten und Wünschen in den Diskurs geht. Nicht nur im Recruiting. Es gilt zu verinnerlichen, dass sich Arbeitnehmer in den letzten gut 20 Jahren vom Wirtschaftswunder-Gottvertrauen, vom Glauben an stabile Karrierepfade, vom Glauben an schlafwandlerisch planbaren Wohlstandsaufbau und damit eben auch von der Abhängigkeit vom Arbeitgeber als väterlichen Versorger emanzipiert haben.

Erst auf diesem Nährboden schlitterte die Republik ins Jahr 2020 und die Corona-Pandemie. Corona war dann eher der Beschleuniger für den endgültigen Wandel hin zu einem Arbeitsethos, in dem Arbeitnehmer sich auch nach dem eigenen Vorteil und individuellem Fortkommen im Bewusstsein ständiger Veränderung, Verletzlichkeit und Vergänglichkeit orientierten.

Deshalb ist der Wunsch nach „neuer" Arbeit kein Hirngespinst junger Menschen, die eine 4-Tage-Woche in Workation auf Bali wollen, sondern das Ergebnis einer historischen Entwicklung. Einer Entwicklung, die in den letzten zehn Jahren in Form einer Transformations- und Erneuerungskrise durch die Deindustrialisierung und die Digitalisierung erst nochmal richtig neuen Schwung bekam.

Dies muss man sich vor Augen führen, gerade, wenn heute wieder einige die Rückkehr des Arbeitgebermarktes herbeischwören. Diese fast revisionistische Haltung könnte im Angesicht des demografischen Arbeitnehmer- und Fachkräftemangels[12] und dem so oder so weiterhin tobenden Kampf um die besten Talente gewaltig nach hinten los gehen. Die Rückkehr zu alten Gepflogenheiten aus der Überzeugung heraus, in einer in der Transformation kriselnden Wirtschaft wieder das Kräfteverhältnis zu Gunsten der Arbeitgeber zurück gebogen zu haben und das neue Arbeitsethos negieren zu können, wird kurzfristig genau dieses Ethos wieder befeuern.

Versteht man jedoch die aus guten Gründen und schlechten Erfahrungen veränderten Bedürfnisse von Arbeitnehmern und reagiert auch und insbesondere im Recruiting zeitgemäß darauf, wird man konjunkturunabhängiger erfolgreich die besten Arbeitnehmenden rekrutieren können. Heute und auch in naher Zukunft.

Es gilt dementsprechend neuer Arbeit mit zeitgemäßen Rahmenbedingungen zu begegnen. Und dies muss eben bereits beim Recruiting und unseren Recruiting-Gesprächen beginnen.

2.2 Das Märchen vom Generationenkonflikt

Bevor wir in einige Studien schauen zu dem vermeintlichen, viel zitierten und die Gemüter erhitzenden Generationenkonflikt am Arbeitsmarkt, vorweg eine Einordnung zu der doch unterschiedlichen Wirkung des ultimativen „New-Work-Beschleunigers" Corona-Pandemie, auf die älteren Generationen einerseits und

12 Mit rund 46 Mio. Erwerbstätigen hat der Arbeitsmarkt in Deutschland seinen Zenit erreicht. Bis 2035 werden ihn pro Werktag mindestens rund 1.000 Beschäftigte altersbedingt verlassen (Xing Arbeitsmarkt-Report 2024, https://recruiting.xing.com/de/downloads/studienergebnisse-arbeitsmarkt-2024, September 2025) oder anders ausgedrückt: „Am Ende dieses Jahrzehnts werden insgesamt 4,2 Milliarden Arbeitsstunden pro Jahr fehlen", sagt Michael Hüther, der Direktor des Instituts der Deutschen Wirtschaft in einem Podcast mit Deutschlandfunk Kultur. Vgl. https://www.deutschlandfunkkultur.de/42-stunden-woche-rente-michael-huether-100.html, abgerufen und gehört im November 2025

die jüngeren andererseits. Denn sprechen wir über Generationen und deren Arbeitsmoral, kommen wir an den jüngsten und maßgeblich durch Corona getriggerten Einflussfaktoren natürlich nicht vorbei, auch wenn wir gelernt haben, dass die Gründe für ein verändertes Arbeitsethos weiter zurückreichen als ins Jahr 2020.

Für die GenZ, die Schüler, Azubis und Studenten, Praktikanten und heutigen Junior Manager stand 2020 zwar vermeintlich fest, dass sie durch den Demographiewandel wohl dringend gebraucht würden, Corona war in den Jahren bis 2023 für diese Generationen dann aber gesellschaftlich und sozial vor allem eine einzige Zumutung, die bis heute nachwirkt und die leider auch kaum aufgearbeitet ist. Als erstes von diversen Schließungen betroffen, einem wenig performanten analogen Bildungssystem ausgeliefert und sozial isoliert, ließ Väterchen Staat und große Teile der Gesellschaft die damals etwa vierzehn bis Mitte-zwanzig-jährigen ohne Auswegszenarien, ganz schön im Regen stehen. Dass diese Generation nun und seit dem Ende der akuten Pandemie, fragt, was die Erwachsenen-, Eltern- und Arbeitswelt, nun erst mal für sie tun könne, statt sich zu allererst in ein wortkarg-gehorsames Steuerzahlerdasein zu fügen, liegt da nahe. Überspitzt gesagt ist diese Generation zwar auch demoralisiert worden hinsichtlich Arbeitsmarktfragen, sie ist deshalb heute aber vor allem auch emanzipiert.

Für die meisten „älteren" Berufstätigen hingegen, inklusive meiner Generation, war Corona zwar ebenso „lästig" und für viele Selbstständige und ganze Branchen auch existenzbedrohend. Die Pandemie öffnete aber vor allem unverhofft die Türen für flexibleres, selbstbestimmteres und zeitsouveränes Arbeiten. Die Pandemie machte eine Arbeitswelt greifbar, die man, die meine Generation, bis dato wohl nur im Silicon Valley oder in Berliner Start-ups wähnte. „Wir alten" sind durch Corona also nicht vor allem demoralisiert worden, vielmehr war Corona der Wegweiser in eine neue Realität mit vielen Freiheiten, die wir nun auch zu verteidigen versuchen.

Es lohnt sich, diesen Unterschied zwischen den Generationen in ihrer Pandemie-Sozialisation im Hinterkopf zu behalten, will man Zielgruppen-adäquat rekrutieren.

Und dazu gilt es auch das Märchen vom Generationenkonflikt über die Pandemie-Sozialisation hinaus ein für alle Mal auszuräumen. Denn zahlreiche Untersuchungen zeigen, wie übrigens auch meine eigene Berater-Empirie der letzten etwa fünf Jahre, dass die Wünsche und Erwartungen an Arbeit über alle Altersgruppen hinweg sehr ähnlich sind. Alle wollen mehr Flexibilität, mehr Wertschätzung und eine gute Work-Life-Balance. Nicht nur die Jungen, denen nicht nur der Boulevard und manche konservativen Kreise nur zu gern den schwarzen Peter der Disruption der Arbeitswelt zuschieben.

Die ZEIT[13], titelte zum Generationenkonflikt am Arbeitsmarkt beispielswiese bereits 2013: „Faul und schlau [...] die heute 20-30-Jährigen haben wenig Lust sich zu Sklaven ihrer Jobs zu machen". Trotz der Zuschreibung „faul", ahnte der Leser aber dankenswerterweise bereits, dass hier wohl mehr zu holen sei als Generationen-Bashing, denn „Sklave" wollte ja nun wirklich keiner sein. Auch die *BILD*[14] stand dem nicht nach und ergänzte 2016: „Das will die Generation Z – nicht viel arbeiten!" Und dem *Spiegel*[15] war der vermeintliche Generationenkonflikt 2023 dann sogar einen Titel wert mit dem Aufreißer: „Wir machen uns nicht mehr kaputt! Warum die Generation Z anders arbeiten will und damit jetzt alle ansteckt!". Ob der Begriff „Anstecken" grade mal sechs Monate nach dem letzten Corona-Winter eine bewusst gallige Konnotation haben sollte oder einfach nur schlecht getextet war – man weiß es nicht.

Die Politik, nicht nur rechts der zur Zeit des Entstehens dieses Buches teilweise noch regierenden „Ampel" aus SPD, FDP und den Grünen, ereiferte sich jedenfalls ebenso gerne und wiederkehrend über mangelnden Leistungswille, aller, immer und überall. Allen voran der damalige Finanzminister Christian Lindner, der auf dem Weltwirtschaftsgipfel 2024 noch einmal orakelte: „Zur Stärkung der schwächelnden Wirtschaft braucht es in Deutschland mehr Leistungsbereitschaft. Wir müssen über mentalitätspolitische Standortfaktoren sprechen".[16]

Meistens, und so wohl auch in den Augen von Lindner, wurden und werden die Flexibilisierung und viele andere Emanzipationserrungenschaften neuer Arbeit, dabei vor allem der Gen Y und Z „in die Schuhe geschoben" und im Lichte von frechen Forderungen, Faulheit und Dünnhäutigkeit gegenüber den zumutbaren Belastungen des Arbeitslebens eingeordnet. Dies geschieht nicht nur zu Unrecht, sondern vor allem leider auch in einem Diskurs ohne jeglichen konstruktiven Output für einen zeitgemäßen Arbeitsmarkt, um den es uns hier geht.

Deshalb kommen wir nicht umhin, einmal etwas genauer hinzuschauen.

Denn viele Studien[17] zu den Generationenmythen am Arbeitsmarkt widerlegen nicht nur einen Generationenkonflikt, sie machen vor allem auch den Blick frei auf die tatsächlichen Erwartungen aller Generationen, die wir gerade als Re-

13 Vgl. Die Zeit, Ausgabe 11-2013 vom 07. März 2013

14 Vgl. Bild.de, am 15. Mai 2016

15 Vgl. Der Spiegel, Ausgabe 22 vom 27. Mai 2023

16 Aus der Rede des Wirtschaftsministers Christian Lindner auf dem Weltwirtschaftsgipfel am 23. Januar 2024 in Davos, die vielfach zitiert wurde

17 Vgl. Prof. Dr. Martin Schröder, Work motivation is not generational but depends on age and period, Universität des Saarlandes, publiziert am 06. November 2023 im Journal of Business and Psychology

cruiter kennen sollten, um Kandidaten zu verstehen, die richtigen Fragen zu stellen aber auch, um vor allem die richtigen Angebote machen zu können.

Beispielhaft und als Auslöser für manches verbreitete Missverständnis kann man etwa eine Untersuchung des Markt- und Meinungsforschungsinstituts Gallup für den US-Markt heranziehen[18]. Diese Untersuchung besagt, dass das Engagement junger Arbeitnehmer im Beruf seit 2020 stark gesunken sei. Oh Schreck! Und wie wir wissen, kommt ja vieles aus den USA mit ein paar Jahren Verzug auch zu uns. Vermeintlich, hoffentlich, hoffentlich auch nicht. Das Engagement junger Arbeitnehmer sank jedenfalls demnach bei der Gen Y, den Millennials, auf 32 Prozent und bei der Generation Z auf 35 Prozent. Und das ganz anders als bei den Babyboomern, bei denen es sogar einen Anstieg gäbe auf einen Wert von – und jetzt aufgepasst – 36 Prozent. Betrachtet man also wieder nur schlagzeilen- und Klick-trächtig die Abnahme und den Zuwachs, kommt heraus, dass die Jungen wohl zur Faulheit neigen. Dass das Engagement im Beruf grundsätzlich aber bei allen nicht allzu ausgeprägt ist, und das vielleicht schon immer so war, fällt dabei unter den Tisch. Für Deutschland sehen sie Zahlen übrigens ähnlich aus. Der Anteil der Beschäftigten mit geringer emotionaler Bindung zum Arbeitgeber war hier über alle Altersgruppen hinweg mit 78 Prozent im Jahr 2024 auf einem Höchst-, beziehungsweise wohl eher Tiefststand[19].

Das Grundproblem solcher Generationenhypothesen ist, dass Menschen und in unserem Fall Arbeitnehmer und Werktätige anhand ihres Geburtszeitpunktes unterschieden und pauschal eingruppiert werden, unabhängig davon, wann man sie zu ihrem Arbeitsethos befragt. Berücksichtigt man jedoch, dass ein Zwanzigjähriger grundsätzlich andere Erwartungen hat als ein sechzigjähriger und genau das auch schon vor dreißig und fünfzig Jahren so war, sind Generationseffekte kaum noch messbar.

Grundsätzlich ist Arbeit auch heutzutage natürlich für alle Generationen noch ein wichtiger und bestimmender Lebensinhalt[20]. Das gilt von den 16-24-Jährigen (mit einer Zustimmung von 77 Prozent) über die 25- bis 57-Jährigen bis zu den 58- bis 67-Jährigen (jeweils 80 Prozent). Die Unterschiede, die es auch heute gibt, liegen weniger an den Altersgruppen oder gar in einer allgemeinen Lustlosigkeit oder Illoyalität, als in der Sozialisation und den Marktchancen der Generationen.

---

18 Vgl. „The new challenge of engaging younger workers“, publiziert auf https://www.gallup.com/workplace/610856/new-challenge-engaging-younger-workers.aspx, abgerufen im Februar 2024

19 Vgl. den Gallup Engagement Index für Deutschland 2024 (heruntergeladen auf www.gallup.com/de/472028/bericht-zum-engagement-index-deutschland.aspx im März 2025)

20 Vgl. „Umfrage Generation Z“ von YouGov im Auftrag von Continental aus dem Juli 2023, in der etwa 3.000 Menschen in Deutschland zwischen 16 und 67 Jahren befragt wurden.

Dass zum Beispiel 48 Prozent der Gen Z angeben, eine „hohe Bereitschaft" für einen Jobwechsel zu haben[21], ist sowohl Ausdruck ihres Bewusstseins, um die Chancen zeitnah auch wieder etwas Neues zu finden, wie auch ihres Bewusstseins um die potentiell jederzeit zuschnappende Illoyalität der Arbeitgeberseite. Denn kündigen dürfen heutzutage durchaus beide Seiten. Und das ist wohl auch gut so.

Eine weitere gern strapazierte Unterstellung und Empörung gegenüber Arbeitnehmern der Gen Y und Z, ist, dass „die Jungen" viel zu forsch nach hohen Gehältern fragen würden. Schaut man auch diesbezüglich in Studien zum Thema, bestätigt sich zwar, das „Gehalt" für die Gen Z das wichtigste Kriterium bei einer Anstellung ist[22], die relativ große Bedeutung des Gehaltes ist jedoch mit etwas Sensibilität für die Ausführungen vom Beginn dieses Buches vor allem aber auch der Ausdruck allgemeiner Unsicherheit. Und sie liegt zudem auch gar nicht abseits der Norm, denn auch für die über 50-Jährigen ist das liebe Geld immer noch die Nummer zwei auf ihrer Prioritätenliste für eine Anstellung. Das Bewusstsein, nicht wie die Großelterngeneration im Fahrstuhl nach oben zu sitzen, der ohne Zwischenstopp im Autopilot Richtung Rente mit 63 zuckelt, spielt hier also die eigentlich zentrale Rolle in den Prioritäten der Arbeitnehmer jenseits der Boomer.

Der gern bemühte Mythos, dass die jungen ja eh alle ganz grundsätzlich faul oder zumindest mal viel fauler „als wir" seien ist längst widerlegt. Die Erwerbsbeteiligung der 20- bis 24-Jährigen ist „auf dem höchsten Stand seit Jahrzehnten" wie uns nicht nur das Institut für Arbeitsmarkt- und Berufsforschung wissen lässt.[23]

Man ahnt also: Sozialisation, Demographiewandel, allgemeine Zukunftsunsicherheit und die Realitäten am Arbeitsmarkt überwiegen als Determinanten eines neuen Ethos. Nicht zügelloses Anspruchsdenken, Faulheit oder der Werteverfall.

Und das sehe nicht nur ich so, auch prominente Stimmen wie der Unternehmer und Investor Carsten Maschmeyer prangern das Märchen des Generationen-

21 Vgl. XING Arbeitsmarktreport 2024 – Einblicke, Fakten & mehr!. Hamburg: New Work SE / XING (23. Dezember 2024).

22 Vgl. ADP Research Institute. People at Work 2024: A Global Workforce View. Roseland, NJ. Abgerufen von https://www.adpresearch.com/wp-content/uploads/2024/04/People-at-Work-2024-A-Global-Workforce-View.pdf und die Shell Jugendstudie vom 15. Oktober 2024 (Jugend 2024 – 19. Shell Jugendstudie: Pragmatisch zwischen Verdrossenheit und gelebter Vielfalt), sowie Boston Consulting Group (BCG), The Network & The Stepstone Group (2024): Decoding Global Talent 2024: How Work Preferences Are Shifting in the Age of GenAI. Online-Umfrage (Oktober–Dezember 2023)

23 Vgl. „Generation Z – noch ein Klischee weniger." Institut für Arbeitsmarkt- und Berufsforschung (IAB), E. Weber, T. Hellwagner vom 17. Februar 2025

konflikt energisch an: „Wirklich, ich kann dieses Gen-Z-Bashing nicht mehr ertragen. Ich bin seit 40 Jahren Unternehmer und kann sagen: Faulenzer und Drückeberger gab es in den 80ern genauso wie in den 90ern und in den 00ern und wie heute. Was immer schon und immer noch gilt: Die allermeisten sind fleißig und leistungswillig und wer als Chef gute Leistung möchte, muss auch gute Bedingungen schaffen und darf unter Führung kein Herr-Knecht-Verhältnis verstehen.“[24]

Was jedoch tatsächlich unterschiedlich ist zwischen den Generationen, sollte eher zum Nachdenken anregen, als den erhobenen Zeigefinger in Bewegung setzen. Denn laut der Shell Jugendstudie aus 2024 haben zwar nur gut ein Drittel „der jungen“ wirklich Angst vor Arbeitslosigkeit, ein historischer und weiter rückläufiger Tiefstand übrigens, fast zwei Drittel haben jedoch eine konkrete Angst vor Armut, und das wiederum mit stark steigender Tendenz.[25] Die Furcht vor Armut ist für die Gen Z nach der Angst vor einem Krieg sogar die zweitgrößte Bedrohung überhaupt.[26]

Neuen Erwartungen an Arbeit mit flexibler Arbeit, digitalen Netzwerken, der Vereinbarkeit von Familie und Beruf oder dem Ruf nach neuen Freiräumen, den „Jungen“ in die Schuhe zu schieben und ihnen per se deshalb das Leistungspotenzial abzusprechen, ist also vor allem ein grober Denkfehler und ignoriert viele gute Gründe für ein Umdenken aller.

Die Fähigkeit, global Anschluss zu halten, wird dann auch zukünftig wohl nicht in Brutto-Arbeitsstunden gemessen werden, sondern in der Kapazität sich zu verändern. Der Generationenkonflikt besteht also eher zwischen denen, die an eine Arbeitswelt aus dem letzten Jahrtausend glauben und denen, die nach vorne schauen, innovieren möchten und sich mehr Autonomie und Selbstbestimmung wünschen und dies einer mündigen Arbeitnehmerschaft zutrauen und zugestehen. Und genau diese möchten wir rekrutieren, begeistern und binden.

2.3 New Work und andere Erwartungen an Arbeit

Nun haben wir bis hierher versucht zu verstehen, warum es generationenübergreifend neue und andere Erwartungen an Arbeit gibt, um unser Mindset für Recruiting-Gespräche zeitgemäß zu justieren.

---

24 Vgl. den Post auf X am 05. November 2025 unter https://x.com/maschmeyer/status/1986009075532874088

25 Vgl. Shell Jugendstudie vom 15. Oktober 2024 (*Jugend 2024 – 19. Shell Jugendstudie: Pragmatisch zwischen Verdrossenheit und gelebter Vielfalt*)

26 VGl. Shell Jugendstudie vom 15. Oktober 2024 (*Jugend 2024 – 19. Shell Jugendstudie: Pragmatisch zwischen Verdrossenheit und gelebter Vielfalt*)

Im Folgenden geht es nun um die konkreten Erwartungen an Arbeit, also die Wünsche und Vorstellungen bezüglich der Inhalte, der Gestaltung von Arbeitszeit und des Arbeitsplatzes, der Organisation von Arbeit und der Zusammenarbeit, mit denen uns alle Bewerber gleich welchen Alters heute und zukünftig verlässlich konfrontieren werden.

Diese Wünsche zu kennen und zu bedienen ist wichtig, auch wenn bei dem ein oder anderen Vertreter einer Arbeitswelt von gestern und vorgestern immer wieder die Fata Morgana erscheinen mag, dass das „mit diesem New-Work-Kram" alles wieder vorbei geht – so wie „das Internet" nach den Vorhersagungen meiner Großtante vor gut zwanzig Jahren. Nunja, auch das kam dann irgendwie anders.

Recruiter und rekrutierende Unternehmen sollten jedenfalls in den folgenden fünf Kategorien, stellvertretend für die Wünsche nach Transparenz, Zeitsouveränität, Sinn und Selbstbestimmung, konkrete Antworten geben können. Bereits im Recruiting und ganz sicher in der Gestaltung moderner Arbeit und zeitgemäßer Arbeitsplätze.

- Homeoffice und hybride Arbeitsmodelle
- Flexible Arbeitszeiten und -modelle
- Benefits
- Führung und Zusammenarbeit
- Selbstwirksamkeit, Purpose und Sinnsuche

2.3.1 Homeoffice und hybride Arbeitsmodelle

Ein Grundprinzip von New Work und neuer Erwartungen an Arbeit ist sicherlich, und seit Corona unbestritten, die flexiblere Gestaltung von Arbeitsorten und die Normalisierung des Home Office.

Und obwohl es derzeit noch schwierig ist den Überblick über belastbare Studienergebnisse bezüglich der Vor- und Nachteile hybrider Arbeit und der Arbeit im Homeoffice zu behalten, wird es kein „Zurück ins Büro" an fünf von fünf Tagen geben, obwohl dies gerne von denjenigen propagiert wird, die schon in der Vergangenheit Anwesenheit mit Performance verwechselt haben. Meist auch ignorierend, dass die, die heutzutage tagsüber zum Friseur gehen, wohl auch die sind, die schon vor Corona nicht immer acht Stunden hochkonzentriert bei der Sache waren. Denn viele Herausforderungen der hybriden Arbeit resultieren aus Problemen, die auch in der Präsenzarbeit im Büro existierten, sie werden nun eben deutlich sichtbarer.

Studien[27] der letzten wenigen Jahre belegen jedenfalls, dass remote arbeitende Menschen durchaus auch produktiv sind, man glaubt es kaum! Nicht immer produktiver als die im Büro, aber auch nicht weniger.[28] Die Mitarbeiter selbst schätzen interessanterweise ihre Produktivität im Homeoffice jedoch grundsätzlich als hoch ein.[29] Vielleicht sehen das viele Arbeitnehmer aber auch so, weil sie schlichtweg nicht mehr täglich eineinhalb Stunden Zeit verpendeln. Diese Erkenntnis klingt banal, wäre vor 2020 für viele Traditionalisten aber wohl bereits eine Zumutung gewesen.

Einer aktuellen Studie von personio[30] zufolge, die über 3.000 HR-Verantwortliche und über 6.000 Beschäftigte befragte, sind Arbeitnehmende, denen man beim remote Arbeiten vertraut, ihnen also Freiraum und Selbstverantwortung gibt, zudem auch noch doppelt so motiviert und wünschen sich seltener den Job zu wechseln. Scheint also, als würde gerade im Home Office die Währung des Vertrauens, die ohnehin Zeichen guter Führung ist, nochmal besonders ins Gewicht fallen.

Uns bleibt jedenfalls auf der Basis dessen, was wir derzeit erleben und lesen, zu konstatieren, dass hybride Arbeit bleiben wird[31]. Oder wie es der Trendscout von Vitra, Raphale Gielgen, einmal formuliert: „Der Schreibtisch, der wird bleiben, beziehungsweise die Idee des Schreibtisches, die wird bleiben."[32] Dies gilt auch, wenn nicht nur aus dem US-Arbeitsmarkt kommende Wünsche immer wieder die Runde machen, wonach 79 Prozent der amerikanischen CEO's erwarten, dass ihre Mitarbeitenden bis 2028 überwiegend wieder im Büro arbeiten werden –

---

27 Vgl. Hardwig: „Hybrid Work – Wie lässt sich eine Schwächung der Teamarbeit vermeiden?" erschienen in der Zeitschrift für Arbeitswissenschaft, Jahrgang / Heft: Band 78, Heft 3 (2024), S. 407 ff). Vgl. zudem Owl Labs: Stat of hybrid work – global report (2023) erschienen auf owllabs.eu im Oktober 2023, Microsoft WorkLab: *Work Trend Index: Great Expectations – Making Hybrid Work Work erschienen auf mircorsoft.com am 16. März 2022* und Gallups „State of the Global Workplace Report" erschienen auf gallup.com am 13. Juni 2023

28 Vgl. John G. Fernald, Ethan Goode, Huiyu Li, Brigid C. Meisenbacher: Does Working from Home Boost Productivity Growth? In Publikationsreihe: FRBSF Economic Letter, Nr. 2024-02 (16. Januar 2024).

29 Vgl. den Gallup Engagement Index :„State of the Global Workplace Report" erschienen auf gallup.com am 13. Juni 2023.

30 Vgl. „HR Insights Report 2025", personio (2024). Zitiert aus einer Pressemitteilung vom 11. Juni 2024 auf personio.com.

31 Vgl. Bloom et al:„How hybird working from home works out, in National Bureau of Economic Research (NBER) Working Paper No. 30292 (Juli 2022 (aus dem Abstract auf S. 1) oder den XING Future Work Report 2025 mit dem Trendbüro München, (zitiert aus der Pressemitteilung vom 09. Januar 2025).

32 Vgl. Raphael Gielgen (aus einem Interview mit dem *The Red Bulletin – Innovator* 02/2018 (erschienen am 01. August 2028))

in Deutschland sehen das übrigens 88 Prozent der CEO's so[33], während gleichzeitig laut einer Umfrage unter Amazon-Beschäftigten, die von einem „Back to Office" betroffen sind, 73 Prozent der Befragten im Jahr 2025 erwägten aufgrund der drohenden Anwesenheitspflicht das Unternehmen zu verlassen. Ein Schelm wer Böses dabei denkt, wenn der Ruf nach der Rückkehr ins Office bei amazon fast zeitgleich mit den Entlassungswellen in der Tech-Branche 2024 und 2025 einherging.

Auch zahlreiche Unternehmer in Deutschland versuchen jedenfalls wieder mehr Büroanwesenheit zu erwirken. Wobei es hierbei meist in Richtung einer Vier-Tage-Präsenzpflicht geht, was mit der damit einhergehenden pauschalen Freigabe eines Home-Office-Tages je Arbeitswoche post-Corona ja geradezu revolutionär gewesen wäre. „Office-Only" als Zukunftsvision findet man jedoch in keiner Studie für den deutschsprachigen Markt.

Und vielleicht braucht es zukünftig auch eher einen „Homeoffice-Führerschein" und den „Hybrid Work Manager" – quasi als Fahrlehrer – der regelmäßig das Homeoffice besucht, um Angebote und Auflagen zu machen, statt pauschale Regelungen, Pflichten oder Verbote für oder gegen das Home Office.

Wir sind als Arbeitgeber jedenfalls gut beraten, den Wunsch nach hybrider Arbeit zu bedienen und dazu im Recruiting frühzeitig klare Aussagen zu treffen, die unbedingt über ein „bis auf Weiteres machen wir halt fifty-fifty" beim Home Office hinaus gehen sollten.

Klare Regelungen sollten nicht nur die IT-Ausstattung und den Datenschutz im Home Office oder das Verhältnis von Büroanwesenheit und Home Office-Tagen definieren, sondern festlegen und skizzieren, was an den Bürotagen stattfindet und zwangsläufig anders sein muss als in früheren Büro-Zeiten. Denn Dienst nach Vorschrift in einer Büroorganisation und -gestaltung wie ehedem kann nicht die Lösung sein, wenn man nur noch zwei oder drei Tage pro Woche physisch und persönlich zusammenkommt. Es bedarf viel mehr einer konzeptionell gut durchdachten Meetingkultur on- wie offline. Und es braucht neue Formate der Zusammenkunft an Bürotagen, die sowohl Information wie auch soziale Interaktion fördern etwa in Form von „Morning Briefings" oder einem verbindlichen „Check in" mit allen Mitarbeitern oder auch sogenannten „Town Hall Meetings" mit der Unternehmensführung oder After Work Events, die sowohl das Vakuum sozialer Interaktion als auch die Defizite an Kommunikation und Wissenstransfer ein Stück weit kompensieren.

---

33 Vgl. die Pressemeldung zu den Ergebnissen des KPMG „CEO Outlook" 2024 (publiziert im September 2024)

Es bleibt also spannend aber vor allem bleibt uns mit sehr hoher Wahrscheinlichkeit die hybride Arbeitsweise erhalten – ob an einem oder zwei oder drei Tagen pro Arbeitswoche. Und anstatt pauschal die Anwesenheit zu propagieren, hälfe es, und das ist auch der Rat an „uns" Recruiter, die Arbeitsplätze attraktiver zu machen, sie besser zu verkaufen und zu bewerben und sich individuelle und belastbare Konzepte zu überlegen, wie jedes Unternehmen hybride Arbeit zukunftsfähig gestalten kann im Wettbewerb um die besten Talente. Bürogebäude am Stadtrand oder in den Industriegebieten, in denen jeder im Einzel- oder Zweierbüro sein Dasein fristet und das Restaurant eines schwedischen Möbelhauses und ein China-Imbiss im Bauwagen die Highlights der Mittagspausengestaltung sind, wird es in sehr wenigen Jahren jedenfalls nicht mehr geben.

Zu guter Letzt bleibt dann wohl nur noch die Frage zu klären, ab wann Unternehmen endlich auch dazu motiviert oder gezwungen werden, das Home Office von der Miete bis zum Mobiliar, anteilig oder ganz zu subventionieren. Noch sind hier vor allem die Gewerkschaften erstaunlich leise, wohl auch im vorauseilenden Gehorsam aus Angst, die errungenen zwei oder drei Tage Home Office zu verlieren. Als zukunftsorientierte Manager und Recruiter sollten wir aber auch dieses Thema reflektieren, bevor es andere tun und bessere Angebote machen.

2.3.2 Flexible Arbeitszeiten und -modelle

Kommen wir also vom „Wo", zum „Wann" und „Wie" in einer modernen Arbeitswelt, die wir bedienen wollen und müssen.

Denn eine Binse aus den Corona-Jahren hat Bestand: Flexible Arbeitszeitmodelle fördern eine bessere Vereinbarkeit von Berufs- und Privatleben, führen zu mehr Selbstbestimmung und haben positive Auswirkungen auf die Gesundheit und die Arbeitszufriedenheit der Mitarbeitenden! Und deshalb werden sie nachgefragt, meist bereits auch in einem Recruiting-Erstgespräch.

Flexibilisierung von Arbeit meint aber mehr als nur Gleitzeitregelungen oder das Home Office. Vielmehr sind fast alle Arbeitnehmer wie -geber aufgrund der jüngsten Erfahrungen mit flexibler Arbeitszeit, sei es freiwillig, Corona- oder manchmal auch Konjunktur-bedingt, offener auch für diverse Modelle jenseits der 38-Stunden-Woche in Festanstellung. Diesen Entwicklungen hin zu mehr Flexibilität insgesamt, liegt die Erkenntnis zu Grunde, dass entgegen früherer Gepflogenheiten Zeit wohl nicht automatisch Produktivität bedeutet, obwohl in vielen Diskussionen um die Arbeitszeit Anwesenheit weiterhin mit Output verwechselt wird und damit Brutto-Arbeitszeit als Netto-Leistung missverstanden bleibt. Es lohnt sich also zukünftig auch Arbeitszeit und Arbeitsleistung gesondert oder zumindest deutlich reflektierter zu diskutieren. Schlechte Nachricht für die

Fraktion „Dienst nach Vorschrift“, aber um die geht es uns hier auch weniger. So ehrlich müssen wir sein.

Nicht nur die jüngeren Generationen sind aufgrund einer digitalen Sozialisation und einer damit einhergehenden „always-on-Mentalität“ inzwischen durchaus sehr sensibel gegenüber einer sehr strikten Aus- und Festlegungen von starrer, nicht gestaltbarer Arbeitszeit. Das stärker selbst-bestimmte Gleichgewicht aus Arbeit und Privatleben als Resultat flexiblerer Arbeitszeiten in der hybriden Arbeit, ist für alle Arbeitnehmer nicht nur einer der ausschlaggebenden Faktoren für die Attraktivität eines Arbeitsplatzes, mit der Flexibilisierung von Arbeitszeit erschließen sich durchaus auch für die Unternehmen Potenziale im Kampf gegen den Fachkräftemangel. Ein Beispiel nur: mehr als die Hälfte der 2025 reduziert arbeitenden Mütter können sich vorstellen, mehr als nur Teilzeit zu arbeiten, wenn flexiblere Arbeitszeiten möglich sind.[34] Und da die Frauenerwerbsquote als einer der zentralen Stellhebel gegen den Fachkräftemangel betrachtet wird, ist dies mehr als nur eine Fußnote.

Teilzeitkräfte, aber auch Freelancer, Interims-Manager, Job-Sharer und befristete Verträge werden sich künftig in vielen Branchen etablieren, mitunter auch etablieren müssen, schon aufgrund des demographischen Wandels. Diese Art der Flexibilisierung über das Home Office und Gleitzeit in der traditionellen 38-Stunden-Woche hinaus, sind die wirklichen neuen, flexiblen Arbeitsmodelle. Eine Umfrage der Jobplattform Stepstone zusammen mit YouGov[35] aus dem Mai 2025 belegt diesbezüglich auch, dass 73 Prozent der Beschäftigten beispielsweise bereit wären, die Anzahl der Arbeitsstunden pro Tag zu erhöhen, wenn sie dafür an anderen Wochentagen entsprechend weniger arbeiten könnten. 54 Prozent der Befragten wünschen sich sogar, ihre Wochenarbeitsstunden grundsätzlich flexibel und ganz nach eigenem Ermessen einteilen zu dürfen. Innerhalb der gesetzlichen Schutzgrenzen des Arbeitszeitgesetzes sollte also konsequenter überlegt werden, dem Wunsch nach noch mehr Gestaltungsfreiheit, der als zunehmend sehr wichtiger Indikator für die Attraktivität eines Jobs gilt, nachzukommen. Der Wunsch nach pauschal viel weniger Arbeit wird übrigens weder in der stepstone-YouGov-Erhebung noch in anderen Studien geäußert. Und auch die viel zitierte Vier-Tage-Woche ist interessanterweise derzeit eher noch Medienhype als Reali-

34 Vgl. dieonline Befragung „Teilzeit ist ein Teil der Lösung“ des KOFA-Kompetenzzentrum für Fachkräftesicherung und der Plattform meinestadt.de (abgerufen auf www.kofa.de/daten-und-fakten/studien im Oktober 2025)

35 Vgl. die Pressemittleung vom 15. Mai 2025 zur Studie von The Stepstone Group und YouGov: „Umfrage zum Acht-Stunden-Tag: Drei Viertel der Beschäftigten wollen selbst entscheiden, wann sie arbeiten“

tät, wird sie doch in nicht einmal 1% der Stellenausschreibungen derzeit überhaupt auch nur erwähnt.[36]

Für das Recruiting bedeutet dies, all diese Entwicklungen zu antizipieren und auf die entsprechenden Bedürfnisse und Wünsche angemessen zu reagieren. Denn flexible Modelle von Job-Tandems und -Sharing, über kinderfreundliche Flexibilisierungsmodelle, über Lebensarbeitszeitkonten oder Teilzeitmodelle können für Unternehmen gewinnbringende Spielräume schaffen, die nicht nur zufriedenere Mitarbeiter schaffen, sondern vor allem zeitgemäße Angebote im Kampf um die besten Talente, womit wir wieder bei unserem Thema wären.

2.3.3 Benefits

Kommen wir aber einmal weg von den schnöden Formalien von Zeit und Raum und widmen uns dem, was Arbeitnehmer sowieso schätzen, was Arbeitgeber aber viel weniger als Herausforderung sehen und viel mehr als Chance nutzen könnten, um Mitarbeiter zu binden, Kultur zu schaffen und Identität zu stiften: den sogenannten Benefits.

Wenn der durchschnittliche Büroangestellte nur noch drei, maximal vier, Tage pro Woche im Unternehmen ist, geht damit zwangsläufig nicht nur ein vermeintlicher oder mitunter auch tatsächlicher Kontrollverlust einher, sondern ebenfalls Gemeinsinn, Identität und Kultur. Und gerade die Unternehmenskultur beinhaltet immer auch die Fürsorge für und die Entwicklung von Mitarbeitern. Gerade in Zeiten, in denen die Mitarbeiter-Loyalität auf das Niveau der Arbeitgeber-Loyalität hinabsinkt und die Wechselbereitschaft bei fast 40% der Arbeitnehmer grundsätzlich hoch ist[37], gewinnen damit alle Aspekte der Kulturarbeit und des Zusammenhaltes an Bedeutung. Und dazu gehören vor allem alle Benefits, die über den Tausch von Geld gegen Arbeit hinausgehen, also Leistungen von der Weiterbildung über Sportangebote bis zum Teamevent.

Das ist besonders wichtig, wenn wir uns die post-Corona-Arbeitswelt vergegenwärtigen, in der die Berufseinsteiger der 2020er Jahre, aufgrund von Transformations- und Stapelkrisen nicht nur in der Regel weniger Geld in der Tasche haben, sondern obendrein noch „fully remote“ in den Beruf gestartet sind und selten bis nie die Erfahrung eines „Kollegiums“ machen konnten. Mangels alltägli-

---

36 Vgl. die Zusammenfassung der Studienergebnisse der Studie von Index Research – publiziert auf Business Insider am 30.12.2024. – in der Stellenanzeigen auf dem Portal der Bundesagentur für Arbeit von rund 880.000 Unternehmenswebsites untersucht wurden.

37 Vgl. forsa-„Wechselwilligkeitsstudie 2024“ im Auftrag von XING (2024) Abgerufen unter recruiting.xing.com/de/downloads/forsa-wechselbereitschaftsstudie-2024 im August 2025

chen Miteinanders als Kit für die Firmengemeinschaft haben gerade, aber nicht nur, für diese Zielgruppen alle Formen von Benefits und Boni zwangsläufig an Bedeutung gewonnen.

Bei der Diskussion ums liebe Geld sind corporate Benefits, also Zusatzleistungen und Vergünstigungen, zudem nicht nur über Steuervorteile geldwert, sie nehmen auch den Druck aus der ein oder anderen Gehaltsverhandlung. Denn variable Gehaltsbestandteile, Gewinnbeteiligungen und Sonderzahlungen können helfen, das Gehalt kreativ zu gestalten ohne immer gleich das Brutto-Fixgehalt in die Höhe schrauben zu müssen. Eine Studie von Kununu und Kienbaum aus 2020 zufolge sind Arbeitnehmer sogar bereit, im Durchschnitt auf etwa 11 Prozent ihres Gehalts zu verzichten, wenn sie dafür bedarfsgerechte Zusatzleistungen erhalten.[38] Und selbst vermeintliche Banalitäten wie die Zuschüsse zum Mittagessen ergeben auf das Jahr gerechnet schnell mal einen vierstelligen Netto-Betrag, der eine echte Verhandlungsmaße sein kann. Dies wird aber von den wenigsten Unternehmen und damit auch deren Recruitern strategisch eingesetzt, aktiv kommuniziert oder mitverhandelt. Also wohl dem, der hier vor denkt und gute Angebote macht.

Angebote, die gerade im Bereich des Gesundheitsmanagements, der Familienfürsorge und Betreuung, wie auch der Fort- und Weiterbildung oder der Mobilität, übrigens unmittelbar dem Unternehmen zugutekommen und nichts mit Wohlfühloase und emotionalem Bällebad zu tun haben.

Arbeitgeber, die jetzt noch stabil aufgestellt sind in puncto Geselligkeit und der damit einhergehenden Pflege der Teamdynamiken über Feiern, Incentives oder After Work Events kann dann quasi nix mehr passieren.

All diese Benefits ins Job Branding, also in die Beschreibung, Positionierung und Bewerbung einer Stelle, einzubeziehen und im Recruiting-Gesprächen aktiv einzusetzen, ist dann nicht nur die Kür, sondern das Pflichtprogramm.

2.3.4 Führung und Zusammenarbeit

Kommen wir zum Kern von New Work: der Führung und Zusammenarbeit. Denn New Work verlangt vor allem eines: New Leadership.

Eine neue, bessere und effizientere Art der Führung ist wahrscheinlich das stärkste Veränderungsmoment einer neuen Arbeitswelt. Und vieles, was früher in

---

38 Vgl. den „Benefits Survey 2020 – Arbeitgeberattraktivität durch Benefits und flexible Arbeitsbedingungen" von Kienbaum Consultants International GmbH (Partner: kununu), 2020

der Präsenzkultur vielleicht noch durch bloße Anwesenheit und mitunter auch unausgesprochen funktionierte, ist heute komplizierter geworden.

Nur 9 Prozent der Arbeitnehmer erleben laut Gallups Engagement Index 2024 derzeit noch ein „durch gute Führung geprägtes Arbeitsumfeld", das eine hohe emotionalen Bindung ermöglicht. Dies entspricht laut den Marktforschern einem Tiefststand seit 2001. In einer Arbeitswelt, in der knapp die Hälfte aller Arbeitnehmer aber gleichzeitig offen für etwas Neues ist, was ebenso einem Zehn-Jahres-Tief, oder Hoch, je nachdem wie man das sehen will, entspricht[39], ist das ebenfalls keine Randnotiz.

Betrachtet man aber auch die Gegenseite, also die Welt der Führungskräfte, ist es leider nicht weniger herausfordernd. Einerseits steigt deren Gefühl eines Kontrollverlustes, anderseits fühlen sich viele von einem dem entgegenlaufenden Bedürfnis nach noch mehr Kontrolle in der hybriden Arbeitswelt getrieben – zu Recht wohl, da Angestellte fast überall mehr Eigenverantwortung und Selbstorganisation einfordern. Selbst den besten Führungskräften gelingt es da schwerlich, dauerhaft so etwas wie eine positive Führung mit Anleitung und Unterstützung zu gewährleisten. Und so steigen der Druck und die Anforderungen an alle Mitarbeiter, egal ob Führungskraft oder nicht. Dies gilt übrigens auch im Recruiting. Kann man sich doch noch weniger als bisher ein schwarzes Schaf im Team leisten, wenn hybride Führung den Führungskräften alles abverlangt und andererseits Mitarbeiter mehr strukturierte Förderung und Forderung brauchen.

Wie sehen die Leadership-Prinzipien in einer hybriden Arbeitswelt aber nun aus, die wir uns, wie man manchmal meint, alle schnell und geräuschlos aneignen sollen?

Wie überall im Zusammenleben gilt auch in der Führung zunächst einmal: Neben der Wertschätzung ist eine regelmäßige, verlässliche und offene Kommunikation der Schlüssel zum Erfolg.

Ebendiese fällt zwar schwerer per Videocall, umso mehr gilt es, diese Fertigkeit jedoch im Blick zu behalten. Bereits bei der Auswahl einer Führungskraft. Denn keine oder schlechte Führung kann in der hybriden Welt noch viel schneller und bei allen zu großer Überforderung führen, umso mehr bei Berufseinsteigern, die man kaum mehr „an die Hand nehmen kann" und die dazu oftmals noch in einer Instant-Feedbackkultur von Social Media sozialisiert sind, die keine Führungskraft, Emojis und Schulterklopfer hin oder her, leisten kann. Am Küchentisch im Homeoffice fühlen sich deshalb häufig alle etwas allein gelassen.

39 Vgl. den Bericht zum „Gallup Engagement Index Deutschland 2024", publiziert auf gallup.com/de/472028/bericht-zum-engagement-index-deutschland-2023.aspx Abgerufen im August 2025

Führungskräfte müssen deshalb mehr denn je lernen, Vertrauen aufzubauen, ohne die Kontrolle zu verlieren. Der remote positive Leader[40] ist gefragt. Das klingt jedoch einfacher als es ist. Moderne, „positive" Leader sollten im Wesentlichen nicht mehr als Kontrollinstanz, sondern eher als Coach und Moderator agieren, dabei offen für Stimmungen sein aber auch einen Rahmen setzen und alle Realitäten, inklusive der unangenehmen, offen ansprechen, grade, wenn man sich wenig sieht, und viele Inhalte, Botschaften und Befindlichkeiten trotz des inflationären Einsatzes relativierender und moderierender Emojis im Digitalen versanden.

Empathie und Vertrauen stehen dabei weiterhin im Mittelpunkt der Führungsrolle, der Mensch im Mittelpunkt allen Handelns, um letztlich zu Eigenverantwortung, statt zur absoluten Selbstorganisation zu befähigen. Diese sogenannte transformationale Führung, die unser „positive Leader" sein Eigen nennen sollte, braucht viel Involvement und läuft so gar nicht mehr einfach nebenher. Transformationale Führung bedeutet vielmehr auch Vorbild zu sein, Inspiration zu geben, jeden Mitarbeiter individuell zu berücksichtigen und anzuregen. Im Gegensatz zu anderen Führungsstilen stehen dabei naheliegenderweise dann nicht Kontrolle und Belohnung, sondern Werte und Vertrauen im Mittelpunkt. Denn die radikale Selbstorganisation im Home Office ist wie gesagt eben nicht das Selbstverständnis von New Work.

Zeitgemäße Führung wird also, wenn man so will, „echt anstrengend" und, um ein letztes mal Mutti Merkel zu bemühen, auch „alternativlos".

Und ihre Währung ist vor allem gegenseitiges Vertrauen, das man sich gegebenenfalls auch hart erarbeiten muss. Da man sich ein solches Vertrauen zwar tatsächlich erarbeiten kann, Empathie aber eher weniger, gilt für das Recruiting dann auch mehr denn je: Die sorgsame Auswahl von Führungskräften ist entscheidend. Entgegen dem Programm und der gut vermarkteten Meinung von Weiterbildungsanbietern bin ich dementsprechend auch der viellleicht unpopulären Meinung, dass man zeitgemäße, transformationale und positive Führung nur bis zu einem gewissen Punkt tatsächlich erlernen kann. Das soll zwar nicht heißen, dass Menschen, die in einer neuen, hochkomplexen Arbeitswelt nicht (mehr) als Führungskraft taugen, empathielose Unsympathen sind, aber der positive, coachende Leader der Zukunft ist eben nur noch denen vorbehalten, die empathisch sind, mitunter auch geduldig, pointiert kommunizieren können und die in der Lage sind den Menschen in den Mittelpunkt zu stellen.

Den Recruitern und dem Recruiting kommt damit bei der Anstellung oder Beförderung dieser Führungskräfte eine noch wichtigere Rolle zu, als dies in der

40 Vgl. Hantmann-Willmes: „Remote positive Leadership" (2022)

Präsenzkultur der Fall war. Denn anders als in der Tradition des Peter-Prinzips vergangener Jahrzehnte müssen in einer hybriden Arbeitswelt Personalentscheidungen für eine Führungskraft damit nun mehr denn je perfekt sitzen.

Definitionssache
Das „Peter-Prinzip", das man wohl getrost auch „Peterchen-Prinzip" nennen könnte, besagt, dass in Unternehmen bzw. einer Hierarchie, Beschäftigte so lange aufsteigen und befördert werden, bis sie eine Stufe der Unfähigkeit erreicht haben. Dazu dürfte jeder Leser seine ganz eigenen Beispiele parat haben... (Peter & Hull: The Peter Principle, erstmals erschienen bei William Morrow & Co. 1969).

Personalführung ist also mehr denn je eine wichtige Management-Disziplin und ein autodidaktisches „sich rein Frickeln" in eine Führungsrolle und der Aufstieg quasi per Betriebszugehörigkeit, wird zum unternehmerischen Risiko.

Und der Türsteher und die letzte Instanz, um dieses Risiko handhabbar zu halten, ist dabei nun einmal auch der Recruiter – denn sind Führungskräfte einmal installiert und mit Macht ausgestattet, ist es meist ungleich schwerer sie als Fehlbesetzung wieder los zu werden.

2.3.5 Selbstwirksamkeit, Purpose und Sinnsuche

Wie eingangs dieses Kapitels geschrieben, ist es unser Ziel ein Verständnis für zeitgemäße Arbeit zu schaffen, um dadurch in der Lage zu sein eine Arbeitsumgebung zu gestalten und zu „verkaufen", in der die Wünsche nach Transparenz, Zeitsouveränität, Sinn und Selbstbestimmung bestmöglich bedient werden. Der Sinn einer Arbeit oder der neudeutsch gern strapazierte „Purpose", sind dabei aber vor allem medial gerne auch überstrapazierte Zielbilder von New Work.

Der Sinn einer Arbeit wird jedoch meist eher im Bereich gesellschaftlich-sozialer oder karitativer Arbeit verortet und diskutiert. Und das führt uns im Recruiting in ein Dilemma.

Gehen wir davon aus, dass Mitarbeiter eine Aufgabe mit Sinn in einem ebenso sinnstiftenden Unternehmen wahrnehmen wollen, unterstellen wir, dass Mitarbeiter vor allem in Unternehmen arbeiten möchten, die beispielsweise ethisch(er) oder ökologisch(er) handeln. Viele Firmen tun dies aber rein aus dem Unternehmenszweck heraus nicht und werden es auch nicht mehr tun. Beispiele für dann trotzdem oftmals arg bemühte Positionierungsversuche beim Ölmulti, der Fluglinie oder dem Atomstromer, der jetzt auch Ladesäulen für E-Autos aufstellt, dürfte jeder parat haben. Ein übergeordneter, echter und wertstiftender und „guter" Sinn eines Unternehmens, den man in der Regel als Purpose bezeichnen und sicherlich etwas oberhalb des profanen, individuellen Sinnempfindens der täglichen Arbeit ansiedeln würde, ist für viele Unternehmungen und Berufe jedenfalls kaum bis nicht zu erreichen.

Deshalb ist es für das Recruiting und insbesondere für das Employer Branding, wichtig zu verstehen, dass die meisten Menschen mit „Sinn" der Arbeit meist vor allem Selbstwirksamkeit meinen und Selbstwirksamkeit auch das erstrebenswerte, weil erreichbare, Ziel ist und sein sollte.

Definitionssache
„Employer Branding kennzeichnet den Aufbau und die Pflege einer Arbeitgebermarke, um sich gegenüber Mitarbeitern und möglichen Bewerbern als attraktiver Arbeitgeber zu positionieren und um einen Beitrag zur Mitarbeitergewinnung und -bindung zu leisten" (schreibt Prof. Dr. Jan Lies von der FOM, im Gabler Wirtschaftslexikon). Wenn wir in diesem Buch fortan über Employer Branding sprechen, ist damit vor allem auch das Arbeitgebermarketing gemeint, um einen Arbeitgeber authentisch, alleinstellend aber werblich-attraktiv gegenüber der Zielgruppe der Mitarbeiter und vor allem der Bewerber zu beschreiben und zu positionieren.

Es ist dementsprechend auch viel zielführender im Employer Branding und damit auch im Recruiting über die Möglichkeiten der Selbstwirksamkeit der Mitarbeiter zu sprechen, anstatt irgendwie zu versuchen Purpose in die Selbstdarstellung des Unternehmens und Aufgabenbeschreibung des Jobs „hineinzuwursteln". Derlei Green- oder Pink-Washing ist leider meist sehr durchschaubar.

Definitionssache
Green Washing bezeichnet das Bemühen von Unternehmen, Organisationen oder beispielsweise auch Regierungen, sich in der Regel durch Kommunikationsstrategien ein umweltfreundliches Image zu verleihen, ohne dabei wirklich hierfür nachhaltige Maßnahmen zu ergreifen. Der Begriff Pink Washing meint eine ähnliche Vorgehensweise, bei der sich zum Beispiel Unternehmen als besonders LGBTQ+-freundlich inszenieren, ohne tatsächlich eine Unterstützung für diese Community zu leisten.

Beim Recruiting ist es daher wichtig, zwar den Sinn einer Aufgabe zu betonen, gerne auch bereits in der Ausschreibung und auf der Karriereseite, den „Sinn" dann aber hinsichtlich der Selbstwirksamkeit von Mitarbeitenden zu verdeutlichen und mit Leben zu füllen.

Denn Zufriedenheit mit dem Job und Bindung an den Arbeitgeber entstehen durch wirksame Arbeit, nicht durch einen künstlich überhöhten Unternehmenszweck.

Und das zahlt sich durchaus messbar aus wie beispielsweise der Fehlzeiten-Report der AOK wiedergibt, nach dem Mitarbeiter, die in ihrer Tätigkeit einen individuellen Sinn finden, nur halb so oft krank sind.[41] Wenn das kein ökonomischer Anreiz ist!

Die Fokussierung auf die Selbstwirksamkeit von Mitarbeitern ist also der bessere Weg, um Bewerber für das eigene Unternehmen zu begeistern. Ob man das dann am Ende in die Vokabel Sinn oder Purpose verpackt, ist dann zweitrangig. Hauptsache es gelingt, Bewerbern wie Mitarbeitern aufzuzeigen, was die Arbeit außer Geld zurückgibt und wie ein jeder in und mit der Arbeit selbstwirksam, also selbst und wirksam, sein kann.

Take Aways dieses Kapitels für die Pinnwand:

- ☐ Der Wandel der Arbeitswelt begann lange vor Corona. New Work und neue Erwartungen an Arbeit sind kein Phänomen der 2020er-Jahre. Das Bewusstsein für Unsicherheit, Austauschbarkeit und die Fragilität unseres Wohlstands ist seit den frühen 2000er-Jahre Trigger für einen Werte- und Kulturwandel und für eine neue Arbeitswelt.
- ☐ Werktätige jeden Alters wurden in den letzten gut zwanzig Jahren kritischer, selbstbestimmter und im Hinblick auf den Arbeitgeber, die Arbeitsbedingungen und den Sinn ihrer Arbeit anspruchsvoller, aber vor allem emanzipierter. Es gibt deshalb auch keinen pauschalen Generationenkonflikt am Arbeitsmarkt, auch wenn ihn Teile der Politik und der Boulevard gerne propagieren. Unterschiede in den Erwartungen an Arbeit beruhen weniger auf Jahrgängen als auf Lebensphasen und kollektiven gesellschaftlich-sozialen Erfahrungen.
- ☐ Hybride Arbeit und das Homeoffice sind gekommen, um zu bleiben und der Wunsch fast aller Arbeitnehmer nach Flexibilität und der Mitbestimmung über den eignen Arbeitsort verlangt von Unternehmen entsprechende Konzepte. New Work ist deshalb viel mehr als New Office. Und New Work braucht vor allem New Leadership, denn Mitarbeitende wollen echte Selbstwirksamkeit. Flexibilität und zeitgemäße Führung gilt es in der alltäglichen Praxis möglich zu machen und durchzusetzen und im Employer Branding und Recruiting zu betonen.

41 Vgl. die Pressemitteilung des AOK Bundesverbandes zu den Ergebnissen des „Fehlzeiten-Reports 2018“ des wissenschaftlichen Instituts der AOK mit der Uni Bielefeld und der Beuth Hochschule für Technik, (2018) Abgerufen im Juni 2025 unter www.presseportal.de/pm/8697/4051860?

3 Recruiting-Gespräche zeitgemäß und effizient organisieren

3.1 Basic, nicht fancy

Nachdem wir nun betrachtet haben, warum wir es aus guten Gründen und auch aufgrund schlechter Erfahrungen mit anderen Erwartungen an Arbeit zu tun haben, was die Bewerber jeden Alters bewegt, und worauf wir bei der Gestaltung von Arbeit heute und zukünftig wohl besonders achten müssen, nähern wir uns im Folgenden der Praxis eines zeitgemäßen Recruitings. Dafür schauen wir uns zuallererst einmal den Recruiting-Prozess an, den wir rund um unsere Recruiting-Gespräche planen, organisieren und gestalten müssen im Bemühen um ein New Work Recruitung-Gespräch, dass diesem Anspruch gerecht wird und den Markt, die Bewerber, bestmöglich bedient.

Mit „sei nicht fancy, sei basic“ war zu diesem Thema einer der Vorträge auf der „TALENTpro“ 2024[42] in München überschrieben und Artur Reich, zu dieser Zeit Team Lead Recruiting bei Boehringer Ingelheim, versprach darin, man könne sich von 95 Prozent der Mitbewerber abheben, indem man einige wenige Grundlagen im Recruiting beherrsche, ohne das Rad neu erfinden zu müssen. Ob das mit den 95 Prozent genau stimmt, ist am Ende Wurst, der grundsätzlichen These Reichs stimme ich aber zu: Die Basics über eine sorgfältige Organisation und professionelle Prozesse im Recruiting-Gespräch achtsam abzuliefern, ist die Pflicht, nicht die Kür – und verändert oft schon viel im Bemühen erfolgreicher, weil effizienter und mit mehr Erfolg bei den top Talenten, zu rekrutieren.

Auf den folgenden Seiten dieses Buches, nähern wir uns deshalb dem Anspruch, „Basics“ sorgfältig und professionell abzuliefern, mit kleinen und größeren Anregungen für einen zeitgemäßen Prozess und für dann viel effizientere Gespräche. „Unser Prozess“ soll gemäß eines weiteren Narrativs dieses Buches – dem „Aktivieren“ von Kandidaten – vor allem ein Kennenlernen auf Augenhöhe ermöglichen. „Aktiviert“ als Zielzustand unserer Bewerber meint dabei, dass es uns sowohl gelingt die Nervosität und damit Barrieren abzubauen, als auch ein Umfeld zu schaffen, in dem offen und vertrauensvoll gesprochen werden kann. Denn will ich Dinge erfahren, die nicht vorbereitet und stupide auswendig gelernt wurden oder vor lauter Nervosität und gestresster Improvisation erst gar nicht zur Sprache kommen, muss ich – wie ich es eben nenne – aktivierende Rahmenbedingungen schaffen, die dem Bewerber Sicherheit geben und den geschützten

42 Das sogenannte „Expofestival“ TalentPro fand vom 11.–12. Juni 2024 in München statt

 | https://doi.org/10.1515/9783112230541-003

Raum für eine ehrliche Selbstreflexion. Es ist in diesem Zusammenhang übrigens sehr erstaunlich, wie wenig bei vielen rekrutierenden Unternehmen in die Rahmenbedingungen und die „Inszenierung“ von Recruiting-Gesprächen investiert wird. Gerade wenn man sich zum Vergleich einmal anschaut, welchen Aufwand Unternehmen bei Kundenterminen, Incentives und anderen Veranstaltungen mit externen Gästen betreiben.

Im Anhang sind die wichtigsten Tipps und Tricks noch einmal stichwortartig in einer Checkliste zusammengefasst, die gerne als Inspiration und erste Vorlage für den eigenen Recruiting-Leitfaden genutzt werden kann.

Bevor wir aber in den Baukasten für unseren Gesprächs-Prozess einsteigen, einleitend noch einige Gedanken zur Bedeutung des Prozesses an sich und zu den Anforderungen, die wir als Recruiter erfüllen sollten, um unserem Anspruch gerecht zu werden, anders und besser zu rekrutieren.

3.2 Neue Anforderungen an Recruiter

Ein Recruiting-Prozess bestand bis vor wenigen Jahren und in vielen Branchen wohl im Wesentlichen aus einer Stellenausschreibung, die nicht viel mehr als die Aufgabe skizzierte, aus dem Sichten eingehender Bewerbungen und dem anschließenden Führen sogenannter Vorstellungsgespräche, in deren Verlauf man aussortierend einen neuen Mitarbeiter identifizierte, diesem zusagte, dessen Freude und Erleichterung zur Kenntnis nahm, einen Vertrag postalisch zustellte und wartete, bis der Kollege an seinem ersten Arbeitstag erschien. So weit so gut, so weit aber auch so gestrig. Denn leider war und ist Recruiting für die meisten Fachkräfte aber wohl auch für viele Personaler eher eine zu erledigende Pflichtroutine, die wenig Zeit und Aufmerksamkeit absorbieren darf. So richtig Spaß macht es irgendwie keinem, meint man, neue Kollegen willkommen zu heißen. Das liegt aber auch daran, dass selten gute Gespräche geführt werden, die durchaus auch mehr Spaß machen können.

Ein zeitgemäßes Recruiting beginnt heutzutage jedoch bereits viel früher als mit einer Stellenausschreibung. Personaler und Recruiter sind deshalb in Disziplinen gefragt, die man vor wenigen Jahren wohl getrost der Marketing-Abteilung, dem Vertrieb oder den Kollegen im Business Development zugeschoben hätte. Denn das Job und Employer Branding im Sinne strategischer Markenarbeit sind ebenso immanenter Bestandteil des Recruiting-Prozesses geworden, wie die Kommunikationsarbeit über Social Media, um nur 2 Beispiel zu nennen. Beides setzt jedoch mindestens mal ein sehr stabiles Grundlagenwissen im Bereich Marketing und Marketingkommunikation voraus und Personaler und Recruiter müssen in jedem Linkedin-Post, in jeder Stellenausschreibung und auch in jedem Gespräch in der Lage sein, klar zu übermitteln, wofür das Unternehmen steht und was man im Vergleich zum Wettbewerber bieten kann. Es gilt dementsprechend: „Kein Recruiting ohne Employer Branding".

Recruiting wird als eigener Aufgabenbereich innerhalb der Personalarbeit und mit einem signifikant erweiterten Blickfeld deshalb nicht umhinkommen, noch mehr Spezialisten auszubilden, die gestalten, managen und innovieren. Denn die eher verwaltenden Aufgaben und Skills der Personalarbeit, die natürlich in der Gesamtschau nicht minder wichtig sind, helfen bei den anstehenden Herausforderungen und bei der Gewinnung und Bindung der besten Bewerber nur bedingt weiter.

Die in diesem Buch im Mittelpunkt stehenden Recruiting-Gespräche als Spezial- und Teildisziplin eines besser Recruiting-Prozesses sind dabei ein Handlungsfeld von vielen, das mehr Spezialisierung und damit auch mehr Profis braucht – aber eben ein wichtiges, und eines mit Renovierungspotential.

3.3 Der Prozess ist so wichtig wie das Angebot

Einer der Hauptgründe für das Entstehen dieses Buches ist wie schon erwähnt die Tatsache, dass Recruiting wahrscheinlich eine der letzten Tätigkeiten innerhalb der Wertschöpfung eines Unternehmens ist, die immer noch weitgehend autodidaktisch durchgeführt – oder besser durchgewurstelt – werden darf.

Viele Unternehmen glauben, dass das rudimentäre Erfüllen der Hygienefaktoren in einem Recruiting-Prozess wie pünktliches Erscheinen, die Darreichung einer Tasse Kaffee und die Aussicht auf ein halbwegs attraktives Gehalt bereits ausreichen, um Bewerber zu überzeugen.

In meiner Branche kommt mitunter erschwerend hinzu, dass man kaum einen Arbeitgeber finden wird, der sich nicht grundsätzlich für den Nabel der Welt hält und der festen Überzeugung ist, jeder wolle bei ihm arbeiten. Das ist jedoch leider selbst im Sportbusiness zunehmend ein Trugschluss, auch wenn ein Bundesligaclub gegenüber dem Walzenherzsteller im Pfälzerwald – wobei auch diese Branche und erst recht der Pfälzerwald natürlich ganz prima sind – sicherlich noch den ein oder anderen Vorteil genießt im Recruiting. Das sei der Ehrlichkeit halber eingeräumt.

Denn anders als in der Vergangenheit, wird ein Bewerbungsprozess heute von fast allen Bewerbern – und erst recht „den guten" – nicht mehr nur duldend ertragen, sondern emanzipiert und äußerst kritisch begleitet und dementsprechend auch von über zwei Dritteln der Bewerbenden als absolut entscheidend für die Jobauswahl bewertet[43]. Negative Erfahrungen im Recruiting-Prozess sind für über 70 Prozent der Bewerber ein nicht verhandelbarer Absagegrund. Ganz zu schweigen davon, dass derlei Erfahrungen natürlich weitergetragen werden und spätestens bei Glassdoor oder Kununu nachhaltigen negativen Widerhall finden.

Es gibt aber noch einen weiteren, fast schon trivialen, Aspekt im Recruitingprozess, der gerne unterbewertet oder vergessen wird: „Sich bewerben“ ist ein viel emotionaleres Thema als mancher mitunter denkt und ein Jobwechsel ist für viele eine Lebensentscheidung. Gerade in unseren Gefilden, mit einer traditionell eher mäßig ausgeprägten Durchlässigkeit des Arbeitsmarktes.

Es lohnt deshalb einen aktivierenden Recruiting-Prozess zu gestalten, der es ermöglicht Vertrauen aufzubauen, um darüber eine Gesprächsqualität und -tiefe zu erreichen, die einen emotionalen Zugang zum Job und zum Unternehmen eröffnet. Andernfalls verlieren wir gute Bewerber im Irrglauben, man habe doch sachlich-fachlich-rational alles wunderbar abgearbeitet.

Und Recruiting-Prozesse, insbesondere die persönlichen Gespräche, sind nicht weniger als die Visitenkarte für eine Arbeitgebermarke. Denn fehlt es beispielsweise an Wertschätzung im Prozess, fehlt diese sehr sicher auch im täglichen Miteinander der späteren Zusammenarbeit. Das begreift jeder Bewerber. Vertut man sich hier, kann man sich alle anderen Employer-Branding-Aktivitäten eigentlich auch sparen.

Benchmark für Recruiting-Prozesse dürfen dabei inzwischen durchaus die Mehrzahl der digitalen Kauf- und Bestell-Prozesse sein. Denn während es im Recruiting bei vielen Unternehmen noch üblich ist, Deadlines und Termine vage zu halten und sie dann möglicherweise auch noch verstreichen zu lassen, sind es Bewerber als Konsumenten in quasi allen anderen Lebensbereichen vom Schuhe kaufen bis zum Ausmachen eines Arzttermins gewöhnt, fast stündlich Bestell-, Melde- und Liefer-Stati übermittelt zu bekommen. Einem „Danke für Ihre Bewerbung, wir sichten das und melden uns dann (irgendwann mal)“, steht in der digitalen Konsumwelt, ein Dauerfeuer von Updates und Feedbacks gegenüber von der Eingangsbestätigung über den Lagerstatus bis zum avisierten und tatsächlichen Versandtermin. Immer auch flankiert durch die Möglichkeit in den Prozess einzugreifen und Fragen zu stellen. HR-Tools bilden das zwar durchaus ebenso

---

43 Vgl. Boston Consulting Group (BCG), The Network & The Stepstone Group. *Decoding Global Talent 2024: How Work Preferences Are Shifting in the Age of GenAI.* Online-Umfrage publiziert unter www.bcg.com/publications/2024/how-work-preferences-are-shifting-in-the-age-of-genai (Oktober–Dezember 2023) abgerufen im Dezember 2024

ab, aber die wollen gepflegt werden, und was passiert ab dem Moment, wo der Recruiter in Fleisch und Blut übernimmt? Oftmals nichts Gutes.

Bedenkt man dabei noch, dass sich alle einigermaßen begehrten Bewerber in der Regel in mindestens drei Prozessen gleichzeitig befinden, schwant einem, was man hier gewinnen und verlieren kann.

Und auch ein Blick in andere Branchen lohnt sich diesbezüglich: Im Lebensmitteleinzelhandel hat sich etwa längst die „One-Klick-Bewerbung" oder die Bewerbung per WhatsApp etabliert, bei der dem Arbeitgeber schon die Telefonnummer und das Signal allgemeinen Interesses ausreicht, um sich an dem potentiell neuen Kollegen fest zu beißen. Wo der Fachkräftemangel wütet, werden also jetzt schon im Recruiting digitale Kaufprozesse nachgeahmt, zumindest in puncto Geschwindigkeit, Bewerberzentriertheit und Usability.

Wie wir den Recruiting-Prozess und die Gespräche nun aber für unsere White-Collar-Büro-Welt verbessern, schauen wir uns im nächsten Kapitel und Schritt für Schritt etwas genauer an.

3.4 Ein Baukasten für bessere Recruiting-Gespräche

Bevor wir unseren „Recruiting-Baukasten" öffnen, eines noch einmal vorweg, weil es so wichtig ist das glasklar zu verstehen: die Optimierung eines Recruiting-Prozesses und unserer Gespräche zielen nicht und niemals darauf ab, es den Bewerbern als Selbstzweck „nett zu machen", ihnen aus reiner Nächstenliebe den roten Teppich auszurollen oder gar jeden durchzuwinken, der es schafft mit faltenfreiem Hemd pünktlich zum Gespräch zu erscheinen.

Es geht vielmehr darum, effizient und gründlich die besten Bewerber zu identifizieren, zu begeistern und an Bord zu holen, in dem wir aus jedem Kandidaten das Beste herausholen, ihn intensiv kennenlernen und durchaus auch zu einem authentischen Gespräch und zur Selbstreflexion geradezu „zwingen".

Unsere Vorstellung eines New Work Recruiting-Gesprächs soll dabei aber auch auf der Gegenseite, also bei uns Recruitern, ein laxes, ambitionsloses und Empathie-freies „interviewen" ablösen. Denn nur wenn es uns gelingt mit einem zugewandten und professionellen Prozess unseren Teil der Bringschuld in einer Bewerber-Arbeitgeber-Beziehung zu erfüllen, können wir im Verlauf der Gespräche auch fordern und anspruchsvoll sein.

Der Prozess, den wir erarbeiten möchten, führt dann nicht nur weg vom Frage-Antwort-Spiel zur Vergangenheit eines Bewerbers, er soll vor allem auch die Evaluierung und Objektivierung unserer Bewerber verbessern und dazu beitragen, dass wir endlich aufhören uns Zeit zu stehlen. Denn in 90 Minuten Gespräch verstecken sich im Recruiting alter Schule oft nicht mehr als 20 Minuten echter Inhalt. Schuld daran sind aber wie gesagt durchaus beide Parteien, stereotyp Rekrutierende einerseits und sich eingeübt Verkaufende andererseits.

Die folgenden Erläuterungen zum organisatorischen Ablauf eines Recruiting-Gesprächs von der Anreise bis zum Hinausbegleiten, mögen für manchen Recruiting-Profi mitunter in Teilen bekannt klingen, die Summe dieser Puzzleteile, die wiederum die allerwenigsten verlässlich als funktionierendes Gesamtpaket einsetzen und abliefern, kann jedoch die Effizienz eines Recruiting-Gesprächs erheblich verbessern. Versprochen!

3.4.1 Hallo und herzlich Willkommen

„Unser Prozess", in dessen Mittelpunkt das Recruiting-Gespräch steht, das wir in der Tiefe analysieren und optimieren möchten, beginnt nach der ersten Validierung einer Bewerbung und damit mit der Einladung zu einem persönlichen Gespräch. Wir steigen also ab dem Moment in die Betrachtung, Analyse und Optimierung ein, ab dem wir Bewerbern im persönlichen Gespräch auf den Zahn fühlen wollen.

Ganz traditionell erging im Vorfeld des Gespräches, egal ob als Videocall, Telefonat oder "in Präsenz", dann wohl eine Einladung an die Bewerber. So weit, so trivial. Ab hier können wir jedoch bereits an dutzenden kleinen und großen Schräubchen drehen, um im Bild unseres Werkzeugkastens zu bleiben.

Eine Anfahrtsbeschreibung, als Link oder pdf, sollte zum Beispiel bereits unbedingt mehr als die Firmenadresse enthalten und sowohl konkrete Informationen zu den Parkmöglichkeiten – und -gebühren – wie auch alle Infos zur kürzesten Anreise mit dem ÖPNV enthalten. Um dem Bewerber zu ersparen, den Ticketautomaten am Bahngleis dechiffrieren zu müssen, was zumindest für mich in vielen deutschen Großstädten mitunter immer noch und immer wieder nervig ist, bietet es sich auch an die Tarifzone und die Kosten gleich einmal mitzuliefern. Charmante Lösungen für die Unterstützung der Anreise können beispielsweise auch digitale Helferlein wie der veomo Mobilitätmonitor oder die App Citymapper sein, die alle vor Ort verfügbaren Mobilitätslösungen von der S-Bahn, über Carsharing, bis zu den um die Ecke geparkten e-Scootern anzeigen.

Eine vollständige und für alle Eventualitäten detaillierte Anfahrtsbeschreibung einmal zu recherchieren und standardisiert jedem Bewerber an die Hand zu geben, kostet wenig bis nix, bringt aber bereits ganz viel und sichert nicht nur pünktlichere, sondern meist auch entspanntere Bewerber.

Als Anregung, wie man das machen kann, hier einmal eine Mail der Hotelkette Scottys für anreisende Gäste, die ich vor einigen Monaten vor einem Aufenthalt in Hamburg erhielt.

Moin Hr. Busch,
Ich bereite gerade Deinen Aufenthalt im THE SCOTTY Hotel Hamburg vor und freue mich bereits jetzt auf Deine Anreise am Dienstag, 4. Februar 2025. Um Dir Deine Anreise zu erleichtern und Dein Aufenthaltserlebnis zu verbessern, findest Du hier einige nützliche Infos.
(...)
DEINE ANREISE
Anreise über den HAUPTBAHNHOF:
Vom Hamburger Hauptbahnhof zu uns sind es nur 750m ca. 8 Minuten Fußweg. Nutze den Ausgang Hbf.-Süd und folge der Adenauerallee (zunächst Steintorplatz) in östlicher Richtung. Nach ca. 500m biegst Du nach rechts in den Nagelsweg ein. Wenn du an der nächsten Kreuzung nach links schaust, siehst Du uns bereits.
Anreise über den FLUGHAFEN:
Buche Dir jetzt dein nachhaltiges MOIA (findest du im App Store) oder reise mit der S-Bahn-Linie S1 in Richtung Wedel bis Berliner Tor. Verlasse die Haltestelle Richtung Ausgang Arbeitsamt. Von dort aus sind es etwa 350m zu Fuß.
Anreise mit dem PKW:
ACHTUNG! Wie auf der Portalseite angegeben, verfügen wir derzeit nur über öffentliche Parkplätze. Eine Reservierung ist hier leider nicht möglich.
Wie empfehlen Dir als Alternative:
HAMPARK Neues Steintor – 150m vom Hotel
Hammerbrookstraße 1
20097 Hamburg-St. Georg
Preis: 20,00 EUR / 24 Std. – nur Barzahlung möglich
Das Parkhaus ist von 22:00 – 06:00 Uhr, sowie an Sonn- und Feiertagen geschlossen. Mit einem gültigen Einfahrtticket kommst du jederzeit durch den Nachtzugang an dein abgestelltes Fahrzeug.
CONTIPARK Hansa-Theater – 700m vom Hotel
Bremer Reihe 16-18
20099 Hamburg
Preis: 12,00 EUR / 24 Std.
APCOA Parking Berliner Tor
Berliner Tor 3a
20099 Hamburg
Preis: 30,00 EUR / 24 Std.
(...)
Für weitere Fragen und Wünsche erreichst Du mein Team und mich auch gerne telefonisch unter +49 40 xxxxxxxxx.
Bis bald. Dein SCOTTY.
THE SCOTTY Hotel Hamburg

Was Scottys hier als standardisierte Mail versendet, und nein ich habe keinen Deal mit denen, ist simpel aber trotzdem voller wertvoller Informationen und noch dazu sehr authentisch getextet. Und ich bemühe hier absolut nicht den Benchmark einer Fünf-Sterne-Herberge mit 24/7-Concierge-Service und Valet-Parking, Scotty ist ein Budget-Hotel. Das kann so oder so ähnlich eigentlich jeder ohne viel Aufhebens für die eigene Büroadresse recherchieren, aufbereiten und nachahmen. Und solange der Parkhausbetreiber nebenan nicht massiv an der Preisschraube dreht, kann man das genauso standardisiert auch immer wieder ohne weiteres Zutun versenden.

Aber genug aus dem Hotelfach. Wechseln wir von der Rezeption zum Empfang im Büro.

Nur bei wenigen Unternehmen ist die Empfangssituation sehr gut für den Empfang von Bewerbern konzipiert. Oftmals trifft man eher so etwas wie eine Pforte an, eine Einlasskontrolle oder ein Tresen, mal besetzt, mal nicht. In der Regel melden sich Bewerber dort dann an und werden wie jeder andere Gast weiter verwiesen und gebeten Platz zu nehmen. Das ist zwar üblich und erst mal vollkommen okay, im Recruiting aber insbesondere aus Diskretionsgründen oftmals nur die zweitbeste Lösung.

Für eine erstbeste könnten wir zunächst einmal für alle Bewerber sicherstellen, dass der Empfang überhaupt Bescheid weiß, wer, weshalb, wann und für wen da heute kommt und in welchen Raum es dann gehen soll. Sind diese Informationen rechtzeitig platziert, kann jeder Bewerber sogar mit seinem Namen begrüßt werden und fühlt sich gleich nicht nur willkommen, sondern fast bereits wie jemand, der hier schon arbeitet, worauf es ja bestenfalls am Ende unseres anstehenden Gesprächs hinauslaufen soll. Klappt das, sitzen nach einer solchen persönlichen Begrüßung bei uns dann nicht nur wohlwollende Bewerber, die sich aufgehoben und willkommen fühlen, sondern entspannte, gut gelaunte und positiv gestimmte „Kollegen". Ein erster wichtiger Schritt.

Jedwede dann ja meist unumgängliche Wartesituation sollte dann kurz, diskret und betreut sein. In meiner Branche und vielleicht ja auch in anderen, kennt man sich, ein „öffentliches" und damit fürs Laufpublikum sichtbares „Herumsitzen" kann da schnell kompromittierend und unangenehm werden. Idealerweise platziert man einen Bewerber also bereits schon separat oder bringt ihn gleich in den Raum, der für das Recruiting-Gespräch vorgesehen ist. Erneut hilfreich auch hier, wenn das Empfangspersonal genau hierfür schon gebrieft ist.

Abholen sollte dann übrigens diejenige Person, die auch die bisherige Korrespondenz führte und idealerweise natürlich auch am Gespräch teilnimmt. Positiver Nebeneffekt: Auf dem kurzen Weg zum Gespräch erfährt man manchmal mehr als über die ein oder andere wohlfeile Frage im Gespräch. Die Wege zum und vom Besprechungsraum sind immer wertvolle „Smalltalk-Brücken", die man durchaus nutzen sollte und die man verschenkt, wenn dritte, zum Beispiel immer nur die Teamassistenz oder der Prakti, das Abholen übernimmt.

Und um auch diesen Evergreen noch zu bemühen: solange die Deutsche Bahn weiterhin irrlichternd auf ihr Ziel hinarbeitet eine Pünktlichkeitsquote von über sechzig Prozent zu erreichen, sollte vor jedem Termin eine verlässliche telefonische Erreichbarkeit kommuniziert und sichergestellt sein. Irgendwas ist ja immer. Mich kontaktieren beispielsweise etwa 30 Prozent aller Bewerber vor dem Termin, und sei es nur um sich rückzuversichern, wo sie jetzt genau hinmüssen, links oder rechts, erster oder dritter Stock? Hier gilt also: Erreichbarkeit schafft Sicherheit – für alle.

Als Zeichen der Wertschätzung, des Kümmerns und um im Nachgang ein eMail Ping-Pong mit Nachfragen, Freigaben und dutzenden Spesenbelegen zu vermeiden, sollte vorab zudem immer die Kostenübernahme der Reise, bestenfalls auch über unsere eingangs beschriebene Standardmail, geklärt sein, spätestens aber im Rahmen des Gesprächs aktiv und ohne dass der Kandidat nachfragen muss, angesprochen werden. Am Ende sparen so alle Parteien Geld und Zeit.

So vorbereitet schreiten wir dann zur Tat und nähern uns langsam aber sicher dem Ort des Geschehens unserer Recruiting-Bemühungen, meist also dem „Konfi“ und damit unserem eigentlichen Gesprächs-Set-Up.

3.4.2 Perfekte Rahmenbedingungen

Kommen wir also zu den hoffentlich oder manchmal auch vermeintlich etablierten Standards von Recruiting-Gesprächen: Konfi, Stühle, Wasser (die gewieften bieten sogar „mit und ohne“), Käffchen, Beamer. Reicht doch, oder gibt es da was nachzujustieren?

Einiges, wie ich finde! Denn gerade diese kleinen Puzzleteile sehr guten Recruitings, denen wenig Aufmerksamkeit geschenkt wird und die bestenfalls als Hygienefaktoren mitlaufen, kann man erneut mit relativ wenig Aufwand optimieren und mit dann kleinen Veränderungen große Schritte nach vorne machen.

Zunächst einmal aber eine ganz grundsätzliche Überlegung zur Wahl der Recruiting-Räumlichkeit. Man sollte – nicht nur für Gespräche mit Führungskräften – vor jedem Gespräch ganz grundsätzlich überlegen, welche Botschaft ein Raum vermittelt und ob Raum, Job, Bewerber und der Kontext all dessen zusammenpassen. Das Büro des Geschäftsführers ist dann erst mal grundsätzlich genauso geeignet wie jeder Konferenzraum oder die Eventfläche im Foyer – oder in meiner Branche eben auch mal die VIP-Loge im Stadion. Man sollte nur eben nie vergessen: „Man kann nicht nicht kommunizieren“[44]. Und das gilt eben auch für den räumlich-organisatorischen Rahmen unserer Gespräche, der angemessen und vor allem authentisch sein sollte. Gespräche in Hotels oder in Meeting-Locations am Bahnhof oder Flughafen, wenn nicht aus Diskretionsgründen unumgänglich, sind deshalb meist suboptimal. Solche „professionellen“ Locations gaukeln dem Bewerber – absichtlich oder aus Versehen – etwas vor, das der eigentliche Arbeitsplatz später mit all seinen Eigenheiten, Vor- und Nachteilen und kulturellen Besonderheiten nicht liefert. Ich durfte beispielsweise einige Male in einem sich mächtig international, exklusiv und konspirativ gerierenden „Flughafen-Center“ vorsprechen. Holzgetäfelt natürlich. Sehr schick wie gesagt und ganz großes Business suggerierend, aber doch weit weg von den späteren Realitäten und von etwa 99 Prozent aller gängigen Bürosituationen.

Ist der richtige Raum dann gefunden – und gebucht – sollte sichergestellt werden, dass Diskretion, Ruhe und ein professionelles Arbeitsumfeld gewährleistet sind. Vor allem Diskretion ist für Recruiting-Gespräche nicht verhandelbar. Räume am Ende eines Großraumbüros, durch das man den Bewerber erst mal viel beäugt führen muss, schließen sich ebenso aus wie „Meeting-Aquarien“, wie sie häufig in modernen Büroflächen vorkommen. Denn muss sich ein Bewerber erst mal damit beschäftigen, nicht gesehen zu werden, wird er sich auch im Gespräch nicht zeigen und öffnen.

Und auch, wenn das hier erneut für die ganz alten Recruiting-Hasen etwas banal klingen mag, es lohnt sich auch für vermeintliche Selbstverständlichkeiten wie angenehmes Licht, zumutbares Klima – zum Beispiel durch obligatorisches Lüften – Sauberkeit und eine geeignete Auswahl an Getränken Vorgaben zu machen.

Und gerne füge ich den vermeintlichen Selbstverständlichkeiten noch eine weitere hinzu, die ich schon fast zu meinen „Steckenpferden“ zähle, da ich hier doch in neun von zehn Fällen bei meinen Mandanten tätig werden darf. Es geht um die Bestuhlung. Hier gilt es zunächst mal „nur“ darum keine „Fronten“ auf einer Tischseite aufzubauen und dementsprechend auch lieber mal „über Eck“ zu sitzen. In fast allen Konferenzräumen ist aber dann vor allem für Meetings bestuhlt, was einem knappen Meter Platz pro Person bedeutet – man sitzt also Schulter an Schulter mit dem Nachbarn. In Recruiting-Gesprächen braucht es jedoch

---

44 Vgl. S. 60 bei Watzlawik, Paul et al: Menschliche Kommunikation – Formen, Störungen, Paradoxien. Das Zitat wird dem Psychotherapeuten und Kommunikationswissenschaftler Watzlawick zugeschrieben, der durch seine populärwissenschaftliche *Veröffentlichung Anleitung zum Unglücklichsein* sowie wissenschaftliche Beiträge zur Kommunikationstheorie, Wahrnehmungspsychologie und über den radikalen Konstruktivismus einem größeren Publikum bekannt wurde.

mehr Raum, Raum zum „Sein" und auch einen gewissen Höflichkeits- und Privatsphäre-Abstand. Deshalb ist meine erste Amtshandlung als Berater in fast allen Konferenzräumen, die Stuhlreihen zu lichten. Das wird mitunter schmunzelnd beäugt, verhilft aber in hohem Maße zu einer angenehmeren Gesprächssituation, die sich in Gesprächsqualität auszahlt. Ach ja, und der Bewerber sitzt natürlich nicht mit dem Blick ins grelle Tageslicht vis a vis der bodentiefen Glasfenster. Gibt es solche Fenster, nehmen die Recruiter diesen undankbaren Platz ein!

Und leider müssen wir auch im Jahr 2025 immer nochmal über die Technik, insbesondere über die Präsentationstechnik, sprechen. Diese ist *vor* und nicht *in* einem Termin zu überprüfen und zum Laufen zu bringen. In zwei von drei Fällen ist das nach wie vor ein Problem. Der hauseigene Techniker, wenn's den überhaupt gibt, muss dann anrücken, alle fummeln entblößend doof an Kabeln und Endgeräten herum und die ersten zwanzig Minuten des Gesprächs sind schon wieder dahin. Manchmal ist das kollektive Werkeln im Kabel- oder WLAN-Wirrwarr zwar eine Brücke für netten Smalltalk, meistens aber vor allem vertane Zeit. Ganz zu Schweigen davon, dass es wenig wertschätzend ist, einen Bewerber beispielsweise eine zwanzig-Seiten-Case-Study in fünf Werktagen vorbereiten zu lassen, während man selbst nicht mal den Fernseher zum Laufen bekommt.

Funktioniert unser Raumkonzept dann, können wir uns noch um die Kür kümmern.

Dazu gehört es zum Beispiel Stifte und Blöcke bereit zu legen, auch wenn man hofft, dass ein Bewerber die eh dabei hat. Neben Block und Stift dann auch noch etwas Infomaterial oder Werbemittel über das Unternehmen zur Verfügung zu stellen, ermöglicht einen weiteren Beifang, denn derlei Unterlagen sind nicht nur für das Onboarding hilfreich, sie bilden oft auch eine Brücke für Smalltalk und Nachfragen oder dienen als „Anker" für die Halt-suchenden, schweißnassen Bewerberhände.

Apropos Beifang: Als Gegenentwurf zu den oben gescholtenen Meeting-Locations ist es im eigenen Büro übrigens vollkommen in Ordnung und sogar auflockernd nett und hilfreich, den Bewerber auch mal mit in die Küche zu nehmen zum Kaffee machen, denn auch an der Kaffeemaschine erfährt man oftmals mehr Authentisches als später in der offiziellen Runde.

Und wenn wir gerade schon so nett vom Konfi in die Kaffeeküche spazieren: einem Bewerber vor oder nach dem Gespräch die Büros zu zeigen und eventuell sogar die potentiell zukünftigen Kollegen vorzustellen, schafft Vertrauen, zeigt Commitment und ist deshalb erst mal unbedingt empfehlenswert. Die „kleine Büroführung" sollte aber immer vom Bewerber gewünscht sein und dieser darf das Angebot zum Kennenlernen der Kollegen und Räumlichkeiten dementsprechend natürlich auch ohne einen Gesichtsverlust ablehnen.

3.4.3 Planung ersetzt Zufall durch Irrtum

Nähern wir uns nun einmal vom eher Organisatorischen kommend den Inhalten des Recruiting-Gesprächs.

„Planung ersetzt Zufall durch Irrtum", ein Zitat, das verlässlich – in den Tiefen des Internets – aber wohl doch fälschlicherweise Albert Einstein zugesprochen wird, gilt nicht nur für die Naturwissenschaften, es ist für das Recruiting meines Erachtens eine der wichtigsten Prämissen überhaupt. Erst eine gute Vorbereitung ermöglicht gute Gespräche und sichert deren Objektivierung.

„Kein großes Ding", mag man auch hier denken. Dass jedoch alle Recruiter die Bewerbungsunterlagen rechtzeitig erhalten und gelesen haben, Inhalte, Ablauf und Strategie eines Gesprächs verbindlich festgelegt sind und alle Beobachtungen und Erkenntnisse später einheitlich protokolliert und nachgehalten werden, ist leider nicht die Regel.

Zu Abläufen, Inhalten und der Protokollierung folgen in diesem Kapitel etwas später noch detailliertere Ausführungen, die helfen sollen, eigene Standards und Leitfäden zu entwickeln.

Grundsätzlich bleibt für die Planung im Vorfeld jedoch festzuhalten, dass zehn Minuten Vorbereitung meist schon ausreichen, um sich später 45 Minuten überflüssiges Nachfragen und CV-Vorlesen zu ersparen. Denn ein durchschnittlicher, zweiseitiger Lebenslauf beantwortet auch im Vorfeld eines Kennenlernens bereits die meisten fachlichen Fragen, die man sonst in den Gesprächen wiederkäut.

Es ist folglich die Aufgabe der Verantwortlichen eines Recruiting-Prozesses dafür Sorge zu tragen, dass alle Teilnehmer vorbereitet erscheinen, erscheinen können und im Stande sind, nur noch zielführende Fragen zu stellen.

Der gute alte Fragenkatalog ist dabei übrigens nur für die Recruiting-Novizen nötig, nichtsdestotrotz kann er als Basis und als erster Teil eines Recruiting-Leitfadens hilfreich sein, auch wenn ich ihn eher nicht empfehle, da eine solche Liste mit Fragen gerne geradezu zwanghaft heruntergebetet wird, chronologisch und meist frei von jedem Kontext zum Bewerber, geschweige denn zum Gesprächsverlauf. Der Fragenkatalog braucht also eine Einordnung und Begleitung, gerade wenn noch viele Autodidakten am Werk sind. Und die eine, heilbringende, unumstößliche Fragenliste existiert ohnehin nicht. Weder hier noch im Internet. Von den „100 besten Personalerfragen", aus welcher Quelle auch immer, rate ich grundsätzlich ab, decken sie doch nie individuelle Bedarfe einer Vakanz, eines Kandidaten und eines Gespräches ab.

Zur Vorbereitung ist heutzutage neben dem Lebenslauf unbedingt aber auch ein Besuch auf dem LinkedIn- oder Xing-Profil empfehlenswert. Jedoch sollte man hier vielleicht nicht alles auf die Goldwaage legen, was man dort findet, es sei denn man gehört zu dem einen Prozent der Weltbevölkerung, von dem nicht auch irgendwo herzergreifende bis herzerweichende Bilder der letzten Weihnachtsfeier herum spuken. Social Media Checks auf den „beruflichen“ Netzwerken wie LinkedIn oder Xing sind zulässig und auch für die Kandidaten erwartbar. Das sieht auch die Rechtsprechung[45] so, denn es kann davon ausgegangen werden, dass jeder Erwachsene sich bewusst ist, dass öffentlich Publiziertes auch öffentlich konsumiert wird. Recherchen in privaten Netzwerken wie instagram oder facebook, die älteren mögen sich erinnern, sind hingegen grundsätzlich unzulässig.

Referenzchecks wiederum, die im anglo-amerikanischen Raum ohnehin die Zeugnisse ersetzen, sind neben der Social-Media-Recherche in den Business-Netzwerken zur Vor- oder Nachbereitung natürlich ebenso probat, allerdings nur nach expliziter Freigabe durch die Bewerber und bei den von diesen benannten Referenzgebern. Ein „in der Branche herumtelefonieren“ verbietet sich, da es ja mehr als nur indirekt den Wunsch nach einer beruflichen Veränderung unseres Bewerbers auch gegenüber Dritten publik macht.

Planung ersetzt also nicht nur Zufall und Irrtum, sie steigert vor allem den Erkenntnisgewinn unserer Gespräche, weil wir uns in den Gesprächen aufgrund einer guten Vorbereitung auf das Wesentliche, auf gezielte Fragen und ein echtes Gespräch, konzentrieren können.

3.4.4 Teilnehmer und Rollen

Auch wenn die Zeiten von „Good-Guy-Bad-Guy“ hoffentlich vorbei sind, sollten unter den Teilnehmern eines Recruiting-Gesprächs die Rollen klar aufgeteilt sein. Denn obwohl unser Ziel ist, ein vor allem authentisches Gespräch zu führen, statt in starren Rollen ein Programm abzuspulen, sollte man sich Themenschwerpunkte, Fragen und Erkenntnisziele, und damit Rollen, aufteilen.

Am einfachsten ist es natürlich die Themenschwerpunkte zwischen der Personal- und der Fachabteilung zu verteilen, wobei auch dann noch beide gut beraten sind, nicht sklavisch-monothematisch und exklusiv für das fachliche oder administrative aufzutreten. Eine wirklich strenge Trennung in diesem Sinne empfehle ich nur, wenn es final ums vertragliche und insbesondere das liebe Geld geht. Hier sollte die Personalabteilung das Gespräch leiten, um eine spätere Arbeitsbeziehung nicht durch kontrovers geführte Verhandlungen zu belasten.

45 Vgl. z.B. den HR-Blog „HRPraxis.ch“ unter www.hrpraxis.ch/2024/09/online-bewerber-recherchen-was-ist-erlaubt-was-nicht.html. Abgerufen im Oktober 2025

Was mich gleich zu einem Hinweis „in eigener Sache führt“: das mit der Rollenverteilung beim Verhandeln gilt insbesondere für Personalberater, die nie einen Vertrag mitverhandeln, da sie ja auch keine Vertragspartei sind. Die Rolle des Personalerberaters fokussiert – oder reduziert – sich darauf solche Verhandlungen als Sparringspartner zu flankieren. Es lohnt deshalb immer und nicht nur im „Headhunting“ klarzumachen, wann, wer mit welchem Mandat über Geld spricht und wann man sich etwa nur über einen Korridor der Mach- und Denkbarkeiten unterhält, um, wenn es wirklich ans Eingemachte geht, klar und ohne Missverständnisse sprechen zu können

Der Recruiter der Fachabteilung sollte zudem in der direkten Berichtslinie der zu besetzenden Stelle tätig sein. Logisch! So wie die Recruiter aus den Personalabteilungen bestenfalls auch die Business Partner des Bereichs sind. Selten habe ich es hingegen als hilfreich empfunden, weitere willkürlich bestellte Beisitzer oder gar das halbe Kollegium einzubeziehen. Wenige, fokussierte und vorbereitete Teilnehmer sind immer besser als eine große Runde von Beisitzern und „Beiköchen“, die bekanntermaßen nicht nur den Brei verderben.

Gegenüber den Bewerbern sollte der Prozess-führende Recruiter in jedem Fall klar machen, wer für welchen Part zuständig ist und wofür auch nicht. So sollte man in einem Erstgespräch und in einem Videocall ohne die Personalabteilung beispielsweise zunächst erläutern, dass in diesem Gespräch natürlich weder ein Gehalt verhandelt wird noch eine Anstellungsentscheidung fällt. Was in einem Gespräch nicht zur Sprache kommen soll oder muss, wird gerne vergessen oder unterschlagen, obwohl das gerade den Kandidaten hilft die richtigen Schwerpunkte zu setzen und die richtigen Fragen zu stellen, was sich wiederum auf die Effizienz und den Erkenntnisgewinn unserer Gespräche auszahlt.

Eine weitere, und um es vorwegzunehmen, vermeidenswerte Rollenkonstellation, ist die, in der zum Ende eines Prozesses noch einmal – und leider oft auch erstmals – „der Chef“ dazu geholt wird und dieser dann vor allem mehr als nur eine „Endabnahme“ machen soll, darf oder muss. Dies ist eine Unart, vor allem dann, wenn er das Mandat hat, alles bisher Besprochene, vielleicht auch mangels sauberer Übergaben, infrage zu stellen oder über den Haufen zu werfen. Schlimmstenfalls ist das „Chef schaut nochmal drauf“ dann noch eine Fünf-Minuten-Stippvisite, weil der ja so sehr beschäftigt ist und auf keinen Fall mehr Zeit einräumen kann. Das „finale Urteil aus dem Nichts“ durch den Chef ist aber leider in sehr vielen Organisationen etabliert. Gerade auch in meiner Branche, die nicht arm an Testosteron und Alpha-Attitüde ist. Mein Rekord liegt hier bei sechs vom CEO höchstselbst abgesägten Kandidaten, die nach bis zu fünf vorherigen Gesprächen, davon bereits zwei in Präsenz und mit Case Study, in den Augen der Fachabteilung eigentlich unterschriftsbereit waren. Ironischerweise sind solche Gepflogenheiten jedoch meist auch ein wertvoller Indikator für den Bewerber, wie es um die

Kultur des potenziellen Arbeitgebers bestellt ist. Hat der Chef immer das letzte Wort und kann die Prozessergebnisse und Einschätzungen seiner Führungskräfte jederzeit für nichtig erklären, kann der Kandidat ja auch frühzeitig überlegen, ob er sich da einreihen will. „Die guten" verabschieden sich in aller Regel aus solch einer Bewerbung.

Grundsätzlich ist jedenfalls eine Recruiting-Gesprächsrunde mit zwei oder drei Personen ideal. Zuzüglich des Bewerbers und ausgestattet mit dem Mandat eine Einstellung auch zu entscheiden. Mit vier oder fünf Recruitern zu agieren, bei denen dann einer nur das Protokoll führt, kostet hingegen nur unnötig Zeit und Abstimmungsaufwand und trägt selten zur Gesprächsqualität bei. Außerdem wollen wir ja kein Tribunal oder Verhör mit den vier, fünf oder zwölf Geschworenen inszenieren. Und – man kann es nicht oft genug propagieren – nur vorbereitete Teilnehmer sind gute Teilnehmer, je mehr es aber sind, desto eher erscheinen erfahrungsgemäß auch einige unvorbereitet. Wie so oft im Leben und auch schon an anderer Stelle unseres New Work Recruiting-Gesprächs propagiert, gilt also auch hier: Weniger ist mehr.

3.4.5 Timing ist auch Money

Worüber wir hier, wenn es ums Timing geht, nicht ausführlich reden – denn das sollte selbstverständlich sein – ist Pünktlichkeit. Die setzen wir voraus. Im persönlichen Gespräch ist die Schmerzgrenze des Verspätens das akademische Viertel, also fünfzehn Minuten. Im Videocall hingegen sind es fünf Minuten, bevor man sich zumindest digital entschuldigt und verbindlich angibt, wann es stattdessen los gehen kann. Pünktlichkeit als Sekundärtugend bleibt also „in". Genauso, wie das Ghosting, also der unkommentierte Abbruch einer Korrespondenz und eines Dialogs mit dem geisterhaften Verschwinden im Nichts, der ultimative Sündenfall bleibt.

Definitionssache
Sekundärtugenden bezeichnen Charaktereigenschaften, die zur praktischen Bewältigung des Alltags und zum „störungsfreien" Betrieb einer Gesellschaft beitragen, ohne aber für sich allein eine ethische Bedeutung zu haben. Dazu zählen Tugenden wie Fleiß, Treue, Gehorsam, Disziplin, Pflichtbewusstsein, Pünktlichkeit, Zuverlässigkeit, Ordnungsliebe, Höflichkeit und Sauberkeit. Und egal wie progressiv nun das ein oder andere Arbeitsumfeld sein mag, zumindest Fleiß, Pünktlichkeit, Zuverlässigkeit und Höflichkeit bleiben wohl unverhandelbar, für alle Generationen und in allen Arbeitsverhältnissen.

Was jedoch im Gegensatz zur Unverhandelbarkeit der Pünktlichkeit, durchaus immer wieder zu Diskussionen führt, ist die Frage, wie lange ein Recruiting-Gespräche denn dauern soll? Und das wollen wir etwas genauer betrachten.

Für mich gilt zwar zunächst mal die Erkenntnis: kürzer geht immer – doch von vornherein dreißig Minuten für einen Videocall und sechzig für ein persönliches Gespräch einzuplanen, wenn der Kandidat im schlimmsten Fall eine fünfstündige Anreise hatte, und ein weiterer Termin unmittelbar mit „harter Kante“ folgt, ist weder wertschätzend noch realistisch.

Persönliche Gespräche sollten stattdessen nie unter neunzig Minuten dauern, Videocalls nicht unter fünfundvierzig.

Gespräche über hundertzwanzig Minuten wiederum legen ein weiteres Gespräch nahe. Insbesondere, wenn man sich vergegenwärtigt, dass meistens mehrere Recruiting-Gespräche für eine Stelle an einem Tag geführt werden und die Recruiter irgendwann zwangsläufig unter ihren Möglichkeiten bleiben nach vier zweistündigen Gesprächen. Spätestens nach Gespräch Nummer drei ist es dann weit her mit der Objektivierung und es entsteht ein unfairer Wettbewerb zu Lasten des letzten Bewerbers. Im schlechtesten Fall ist der auch noch der beste – das kriegt dann aber keiner mehr mit im Recruiter-Wachkoma, leer-gequatscht und kaum mehr aufnahmefähig.

Und auch, wenn das nicht originär Inhalt dieses Buches über Recruiting-Gespräche ist, noch zwei Gedanken zur sogenannten „time to Job“ oder „time to hire“. Diese sollte vom Erstgespräch bis zum Vertrag auf wenige Wochen optimiert werden. Denn mehr als die Hälfte aller Bewerber möchte einen Prozess von der Bewerbung bis zur Unterschrift in zwei bis vier Wochen abgeschlossen sehen.[46] Und nicht nur die Arbeitgeber in sehr kompetitiven Märkten unterbieten selbst das, wenn es sein muss, und rekrutieren mitunter vom Erstkontakt bis zum Vertrag in auch mal nur gut zehn Tagen. Der Druck kommt hier künftig also von beiden Seiten, vom zügig rekrutierenden Wettbewerb und von den Bewerbern, die keine Hängepartien tolerieren.

3.4.6 Das Gespräch

Kommen wir nun zum „Hauptgang“ und zentralen Gegenstand des Prozesses: den Recruiting-Gesprächen.

46 Vgl. den Blog-Beitrag „Der XING Arbeitsmarktreport 2025 – Recruiting am Limit? Von Philipp Stiens zum Xing-Arbeitsmarkt-Report 2025 auf recruiting.xing.com ; abgerufen unter recruiting.xing.com/de/blog/der-xing-arbeitsmarktreport-2025 im September 2025

Normalerweise richten sich sogenannte Erstgespräche fast selbstverständlich und selbsterklärend primär auf fachliche Themen und ein erstes Kennenlernen. Weitere Gespräche, in denen dann vertieft wird, thematisieren in der Regel beispielsweise die Zusammenarbeit, Führungskompetenz oder das Fachliche in der Tiefe, zum Beispiel über eine Case Study. So weit, so klar. Nicht nur für Recruiting-Novizen empfehle ich jedoch trotzdem die folgenden Schritte noch einmal zu reflektieren.

Zunächst möchten wir in aller Regel nach einer Begrüßung – wer kann mit einem Lächeln und einem festen aber nicht zu festen verbindlichen Händedruck – unsere Bewerber aktivieren, gewissermaßen für ein gutes Gespräch öffnen und Barrieren abbauen, weshalb es nach wie vor lohnt und wie in jedem Small-Talk-Seminar eingebläut sich Zeit zu nehmen für das, was man gemeinhin als Eisbrecher bezeichnet. Und es ist kein Seminar nötig, um diesen Schritt wertschätzend hinzubekommen, denn es ist absolut okay sich beispielsweise ganz klischeehaft erst einmal nach dem Verlauf der Anreise zu erkundigen. Der Eisbrechen dient jedoch nicht dazu sich bereits vorzustellen oder die Agenda vorzulesen, er hat vielmehr den kleinen aber wichtigen Zweck „leicht" und zugewandt zu beginnen, nicht gleich ins Fachliche abzutauchen und so letztlich etwas zugewandter und unverkrampfter zu starten. Und das tut auch den Recruitern gut. Ein Eisbrecher als halbprivater Smalltalk schafft eine Nähe, die sich später in höherer Gesprächsqualität niederschlägt – wohl also erneut dem, der sich vorbereitet hat und sinnvolle erste Eisbrecher- oder auch Smalltalk-Fragen stellen kann.

Der erste Eindruck, für den es wie gesagt ja leider meist keine zweite Chance gibt, sollte so schon mal erfolgversprechend gemeistert sein.

Dann werden die obligatorischen Getränke angeboten, freundlich der Sitzplatz zugewiesen und bestanfalls gleich geklärt, ob man sich duzt oder siezt. Wobei die gastgebenden Recruiter natürlich diese Klärung herbeiführen und dies nicht dem Bewerber überlassen. Das Duzen ist in allen Branchen, die auch auf Englisch kommunizieren inzwischen ohnehin fast Standard, schlicht und einfach auch, weil es peinlich wird, wenn die Deutschen sich untereinander siezen, während man den viel weniger bekannten und vertrauten internationalen Gesprächspartner mit dem Vornamen anspricht. Klärt man dies aber auch unter deutschsprachigen frühzeitig, erspart man allen Teilnehmern ein stotterndes und ungelenkes Umkurven der direkten Ansprache im Fortgang des Gesprächs. Trivial, aber wichtig.

Sitzen dann alle, gilt es den Ablauf, die Inhalte und die Ziele des Gesprächs zu klären. Und, das hatten wir weiter oben schon, auch was es heute nicht zu besprechen gilt. Unerfahrenere Bewerber fühlen sich sonst gerne mal berufen durcheinander „ihre" Themen zu adressieren, Prioritäten zu vermischen oder hektisch im Bemühen das Gespräch zu führen, Fragen nach den Urlaubstagen oder dem Überstundenausgleich zu stellen, bevor es überhaupt richtig los ging. Gerade solche Fragen zum Organisatorischen wirken dann oftmals wie „Rausschmeißer" und es fällt schwer wieder in ein inhaltliches Gespräch zurückzufinden.

Und da wir ja weg vom „Vorstellungsgespräch" im Sinne einer Einbahnstraße wollen, ist es als nächstes sinnvoll, wenn sich die gast-gebenden Recruiter erst einmal selbst vorstellen. Gerne mit einem persönlichen Aspekt, also nicht nur mit dem Vor- und Zunamen und der Funktion, sondern auch mit den wichtigsten privaten oder halb-privaten Eckdaten, die nötig sind, um den zukünftigen Kollegen etwas besser einordnen zu können. Dazu gehört zum Beispiel der eigne Lebensmittelpunkt, ob man Familie hat oder wie lange man schon im Unternehmen ist. Erfährt der Bewerber hier zum Beispiel, dass auch sein Chef bemüht ist Familie und Beruf unter einen Hut zu bringen, oder dass er ebenfalls zum Job pendelt, hat er gleich Anknüpfungspunkte und ein viel besseres Bild seiner potentiell neuen Kollegen. Außerdem, und das ist der Hauptgrund, weshalb auch die Recruiter sich abseits der rein beruflichen Profession vorstellen sollten, ist es grundsätzlich befremdlich, dass Bewerber fast selbstverständlich dazu angehalten werden, sehr viel von sich preiszugeben – vom Geburtsdatum über den Familienstand bis zu den Zeugnissen, während auf der anderen Seite die potenziellen neuen Kollegen, traditionell nur schmallippig den Nachnamen und ihre Funktion im Unternehmen zum Besten geben.

Das eigentliche Recruiting-Gespräch ist dann im weiteren Verlauf idealerweise und hoffentlich als Learning dieses Buches, weder ein Vorstellungsgespräch einer Partei bei der anderen noch ein Interview mit Interviewer und Interviewten. Ein gutes New Work-Recruiting-Gespräch, das mittels aktivierender und zur Reflexion anhaltender Fragen geführt wird, sollte vielmehr den schon viel zitierten Austausch auf Augenhöhe ermöglichen, bei dem es um die gemeinsame Zukunft beider Seiten geht, weniger um den bisherigen Lebenslauf einer Partei. Zum aktivierenden und besseren Fragen später in diesem Buch noch viel mehr.

Gegen Ende eines nun hoffentlich angeregten Austauschs empfehle ich dann noch einen kleinen Kniff. Ich versuche jeden Bewerber, bevor er geht, ganz konkret zu fragen, was er genau jetzt, hier und heute noch bräuchte, um für den Job zuzusagen. Das kann eine fachliche Frage sein, die offen geblieben ist, das kann aber auch Bedenkzeit sein, die Angabe einer Gehaltsgröße oder die Rücksprache mit dem Lebenspartner oder der Partnerin. Die unerwartete Konfrontation mit einer so fast schon endgültigen Frage produziert dann meist nicht nur gute Erkenntnisse über das Commitment eines Bewerbers, sie legt auch offen, was vielleicht unterbewusst oder unausgesprochen wirklich noch wichtig und erfolgskritisch für die Einstellung wäre.

Das Gespräch beendet der Recruiter dann ausnahmsweise monologisierend mit den Ausführungen zum weiteren Prozess und mit der Angabe möglichst genau terminierter nächster Schritte. Denn es ist wichtig, dass allen Parteien den Prozess ab hier nicht nur kennen, sondern verstehen und auch ausführen können. Die Eckdaten dieser Vereinbarung sollte man im Nachgang des Gesprächs dann auch nochmal in einer kurzen Dankesmail an den Bewerber zusammenfassen. So wird nicht nur der Prozess klar festgehalten, man zwingt auch beide Parteien zur Verbindlichkeit. Einen nächsten Schritt zum Beispiel „in zwei Wochen" zu terminieren ist dann übrigens zwar nicht ideal, solange man sich daran hält aber immer noch besser als das vollmundige Anpreisen eines Feedbacks binnen weniger Tage, dass dann in acht von zehn Fällen nicht eingehalten wird. Zielzeit für einen wie auch immer gearteten nächsten Schritt sollte im Idealfall maximal eine Woche sein. Schneller ist auch erlaubt, nur eben nicht kategorisch langsamer – mit fließendem Übergang zum Ghosting.

Ach ja, und weil das bisher nicht en Detail ausklamüsert wurde: Jegliche Sprache, Ansprache, Korrespondenz, alle Fragestellungen und Inhalte unserer Gespräche sind natürlich diskriminierungsfrei. Gerne wird das gerade in den persönlichen Gesprächen vergessen, wenn es ins anekdotenhafte geht und der ein oder andere Recruiter sich genötigt fühlt, flotte Sprüche zu machen, um Nähe und Zugänglichkeit zu suggerieren. In diesem Zusammengang sollte ferner auch klar sein: Ob ein Kandidat Informationen zu Privatem preisgibt, entscheidet nur er selbst. Mitunter herrscht zwar auch die Meinung, alles Private sei ein No-Go im Recruiting, dem widerspreche ich aber. Wenn der Bewerber auch über Privates, nicht zu verwechseln mit Intimem, spricht, und dies in einem Gespräch auf Augenhöhe geschieht, ist das in Ordnung und hilfreich für ein Kennenlernen. Die Initiative hierzu sollte aber immer beim Bewerber liegen, das steht fest!

3.4.7 Videocalls – vom Sonderfall zum Normalfall

Da der Videocall heutzutage wohl in den allermeisten Fällen das Medium der Wahl für ein Erstgespräch ist, kommen wir nicht umhin auch für dieses Format über Standards und deren Optimierung nachzudenken. Denn obwohl in der Live-Schalte in den Prime-Time-Nachrichten auch hochdekorierte Experten im Bildschirmhintergrund gerne mal das Bügelbrett stehen haben, darf solche Nonchalance nicht der Standard sein, den wir im Recruiting-Gespräch ansetzen. Dabei geht es weniger um Netiquette, als darum, sich gegenseitig ohne Ablenkung und wertschätzend kennenzulernen und dabei ein professionelles Bild abzugeben.

Im Einzelnen sind meines Erachtens nachfolgende Aspekte zu beachten, die man vielleicht mancherorts für selbstverständlich erachten mag, die mir im Recruiting-Alltag jedoch nahezu wöchentlich auffallen, meist negativ.

Zuallererst ist die Technik zu beherrschen. Häufig verwendete Plattform sind Facetime, Microsoft Teams, Google Meet und Zoom, möglich sind ferner auch Videocalls via WhatsApp oder Videokonferenzsysteme wie Jitsi oder Slack. So weit so gut. Die Technik zu beherrschen, bedeutet dann aber auch, ein stabiles Breitbandnetz zu haben, die Software rechtzeitig upzudaten und dann noch Bild, Licht und Ton zumutbar zu inszenieren.

Auch kein Problem, meint jetzt der ein oder andere Leser. Und ja, das Anwenderkönnen ist tatsächlich inzwischen selten ein Thema.

Was jedoch im Recruiting-Gespräch per Videocall ein Dauerthema bleibt, ist die Diskretion. Recruiting-Gespräche per Video im Großraumbüro sind ebenso ein Unding wie solche ohne Headset über die Audioboxen des Computers. In beiden Fällen kann der Bewerber kaum einschätzen wer mithört oder gar mitschaut. Letzteres bleibt auch dann vage, wenn virtuelle Bildschirmhintergründe genutzt werden. Es empfiehlt sich deshalb, auch als Zeichen von Professionalität, sich einmal Gedanken über so eine vermeintliche Banalität wie den Hintergrund bei Videocalls zu machen. Denn die Bandbreite reicht in der Praxis leider vom lieblosen und voreingestellten Default-Hintergrund der Software-Anbieter, gerne das mit dem Loft am Meer, über mehr oder weniger gut gestaltete corporate Hintergründe bis zum Echt-Bild des eigenen Büros. Letzteres, also der Blick in ein authentisches, echtes und bestenfalls halbwegs aufgeräumtes Arbeitszimmer oder Büro, ist sowohl für die Recruiter wie die Bewerber auf jeden Fall der Gold-Standard. Auch weil interessanterweise corporate Backrounds, was die zweitbeste Wahl wäre – sofern man dem Bewerber eingangs eines Gesprächs erläutert, dass niemand mithört – erstaunlich selten, geschweige denn gezielt eingesetzt werden, obwohl solche virtuellen Hintergründe ja geradezu nach Employer Branding schreien.

Ins Bild hopsende Haustiere oder munteres Kindergebrabbel hingegen, sind im Recruiting-Videocall übrigens tolerabel, es heißt ja nicht umsonst Home Office. Trotzdem sollte das die Ausnahme sein, denn man darf insbesondere im Recruiting-Gespräch schon voneinander erwarten, dass man sich die gut 45 Minuten schon rein aus Gründen der Wertschätzung auch wirklich freigeschaufelt hat.

Hier zeigt sich, dass der weiter oben in diesem Buch schon prognostizierte „Hybrid Work Manager“ durchaus nötig sein könnte, um Angebote wie auch Auflagen zu machen. Unter anderem eben auch zur Professionalität in Videocalls.

3.4.8 KI im Recruiting-Gespräch

Zum Einsatz von KI im Recruiting könnten wir im ausgehenden Jahr 2025 wohl ein eigenes und durchaus sehr dickes Buch schrieben. Das Thema ist omnipräsent und auch in den HR-Fachmedien ein Dauerbrenner. Im Bewusstsein darum, den HR-Tech-Dschungel aber weder heute noch morgen in Gänze besprechen zu können, bleibt zum Einsatz der KI im Recruiting-Gespräch, und damit für unser Thema, heute noch ein eher demaskierendes „Ja, aber“ zu proklamieren. Dieses für viele Tech-Gläubigen wohl geradezu skandalöse „Ja, aber“, möchte ich jedoch etwas einordnen. Denn es gibt gute Gründe, weshalb die KI im persönlichen Dialog, um den in diesem Buch geht, noch nicht den Menschen ersetzen kann und sollte.

Zahlreiche Untersuchungen und Befragungen[47] belegen, dass KI in der persönlichen Korrespondenz, als unpersönlich und vor allem als weniger vertrauenswürdig wahrgenommen wird. Das leuchtet erst einmal ein bei „künstlich“ und „artificial“. Nur etwa ein Drittel der Bewerber stehen dem Einsatz von KI im Recruiting-Gespräch überhaupt verhalten positiv gegenüber. Wobei sogar nur ein Viertel der Bewerber die voll- oder teilautomatisierte Kommunikation mit dem Arbeitgeber akzeptieren, der Rest verweigert schlichtweg einen Dialog mit der Maschine als Ersatz für Recruiting-Gespräche mit Personalern, Fach- und Führungskräften. KI macht eben auch hier die Arbeit eventuell zwar effizienter, aber ganz sicher nicht menschlicher.

Als Protokoll- oder Assistenzfunktion ist die KI hingegen auch im Recruiting-Gespräch mit Tools wie read.ai, otter.ai oder fireflies.ai natürlich bereits im Einsatz. So wie auch bei hoch repetitiven Aufgaben und sehr hohen Recruiting-Volumina Tools wie Torre.ai mit der AI-„Recruiterin“ Emma oder Paradox mit seiner Ai-Recruiterin“ Olivia Teile des Recruiting-Prozesses inklusive der Bewerberkommunikation abdecken können. Das sei der guten Ordnung halber schon eingeräumt.

Und es soll ebenso wenig unterschlagen werden, dass die KI abseits der Recruiting-Gespräche natürlich längst erfolgreich und verbreitet auch bei Ein- und Anstel-

47 Vgl. Seite 19 ff in der Studie der iu Internationale Hochschule: KI im Recruiting: Emotionen, Ansichten, Erwartungen. Abgerufen im August 2025 unter www.static.iu.de/studies/202203_KI_im_Recruiting_Whitepaper.pdf ; Vgl. auch Seite 8 ff eine Präsentation des ICR Institute for competitive Recruiting vom online-Kongress im Januar 2025. Abgerufen im Januar 2025 unter hr-innovation.htwk-leipzig.de/fileadmin/portal/m_hr-innovation/ab_2022/KI_und_Recruiting_Wolfgang_Brickwedde.pdf

lungen eingesetzt wird, sei es als Helferlein beim Sourcing, beim Erstellung von Stellenanzeigen, über diverse Automatisierungen zum Beispiel auch auf LinkedIn, beim Matching von Jobs und Profilen, beim automatisierten Auslesen von Lebensläufen oder selbstredend auch bei der Teil- oder Vollautomatisierung von „einfachen" Korrespondenzen wie Eingangsbestätigungen oder einem first level Support oder bei der Terminplanung.

Trotzdem müssen wir für unser Thema, das Recruiting-Gespräch, festhalten: je mehr KI-Lösungen die eigentliche zwischenmenschliche Kommunikation flankieren oder zu ersetzen suchen, desto kritischer ist eine Bewertung derzeit noch anzuraten. Vor allem aufgrund der mangelnden Akzeptanz der Bewerber aber sicherlich auch aufgrund des Datenschutzes oder der Gefahr sich selbst reproduzierender KI-Filterblasen, die im schlimmsten Fall sogar diskriminierend fehlleiten können. Der Flaschenhals auf dem Weg zum automatisierten Recruiting-Gespräch ist derzeit aber nicht die Technologie, sondern vor allem der Mensch. Und dessen Evolution als soziales Wesen und Herdentier ist etwas langsamer, also die der KI. Noch geht also Kontext vor Regel und Verständnis vor Vorschrift – oder wie es Marcus Meerheim in einem Blog-Beitrag auf personalwirtschaft.de jüngst formulierte[48]: „Während Unternehmen in Hochglanzkampagnen von Empathie, Vertrauen und Menschlichkeit sprechen, werden parallel Prozesse digitalisiert, die früher menschliche Begegnung, Einschätzung und Ermessensspielräume ermöglichten."

Das persönliche Gespräch bleibt also wohl erst mal im Mittelpunkt, da am Ende immer Menschen zusammenarbeiten und eben die sich auch kennenlernen wollen, ja müssen, um gemeinsam produktiv sein zu können. Hier holt uns also auch unser Narrativ von Augenhöhe wider dem Recruiting-Gespräch als Einbahnstraße ein. Denn selbst wenn die KI den Kandidaten fehlerfrei analysiert, rekrutiert und onboarded, irgendwann – und wohl früher als später – wird der Kandidat auch den Arbeitgeber analysieren, „rekrutieren" und für sich „onboarden" wollen. Und da muss dann wohl oder übel der spätere Vorgesetzte, Kollege und auch der HR Business Partner mal mal hinter dem Server hervorkriechen und im wahrsten Sinne des Wortes Gesicht zeigen. Und sei es „nur" aus Gründen der Wertschätzung. Denn ein Gespräch mit einem Bot ist alles andere als ein Zeichen

48 Vgl. Merheim, M. auf personalwirtschaft.de: Employer Branding: So meistert HR Algorithmus und Empathie, abgerufen im Dezember 2025 unter https://www.personalwirtschaft.de/news/recruiting/employer-branding-so-meistert-hr-algorithmus-und-empathie-198619

dieser. Ebenso wenig wie die vollautomatisierte E-Mail-Kommunikation entlang des gesamten Bewerbungsprozesses. Da kann die KI gar nix dafür.

Und bei alledem bleibt last but not least, und das ist weit mehr als eine Randnotiz, noch zu beachten, dass es seit Februar 2025 eine Schulungspflicht für den Einsatz von KI in Unternehmen gibt.[49] Die Europäische Union ist also bemüht, den Einsatz von KI zu keinem Wild-West-Experimentierfeld werden zu lassen. Derlei Regulierung ist mitunter ein Wettbewerbsnachteil, meines Erachtens aber keiner im Recruiting.

3.4.9 Danke und auf Wiedersehen

Beim Verabschieden und damit zum Ende eines Recruiting-Gesprächs, nicht zum Ende eines Prozesses, gelten zwar zunächst einmal auch „nur" die allgemeinen Regeln guten Benehmens, trotzdem kann und sollte auch diese Gelegenheit aktiv genutzt werden für ein Feintuning unseres Prozesses. Denn auf dem Weg nach draußen, wenn die Anspannung nachlässt, erfährt man meist einiges Anderes und Neues – ganz egal, ob die fachlichen und kulturellen Fragen vermeintlich schon geklärt wurden. Das Rausbegleiten ist deshalb nicht weniger wichtig als das schon skizzierte Abholen. Von allzu persönlichen und möglicherweise verfänglichen weiteren gemeinsamen Wegen, wie einer längeren Auto- oder Bahnfahrt im Anschluss an das Recruiting-Gespräch rate ich jedoch ab, es sei denn, man macht das mit allen Bewerbern, was fürs Rausbegleiten und zum Bahnhof bringen vielleicht noch funktioniert, für mehr aber wohl auch nicht. Nach solchen „privateren" Situationen wird es sonst in der Nachbereitung mitunter schwierig zu reflektieren, was vor und was nach dem eigentlichen Gespräch den persönlichen Eindruck prägte. Eine Objektivierung ist dann kaum noch möglich.

Jeder Bewerber sollte am Ende eines Gespräches zudem noch einmal einen verlässlich erreichbaren Ansprechpartner genannt bekommen. Idealerweise ist das natürlich ohnehin die Person, die den Bewerber auch mit raus begleitet und diesem dabei aktiv anbietet, sich bei Rückfragen jederzeit melden zu dürfen.

Hinausbegleiten sollte in jedem Fall eine Person, die maßgeblich am Prozess beteiligt ist. Und, obwohl beteiligt, ist das bitte nicht der Personalberater. Denn wird der Personalberater zu sehr zum zweiten Gastgeber, entsteht zwangsläufig so etwas wie ein „Wir-und-Die"-Gefühl zwischen Bewerber und Berater auf der

---

49 Vgl. Art. 4 KI-VO, der KI-Verordnung der EU von 2023 (abrufbar auf den offiziellen Seiten der EU unter www.eur-lex.europa.eu/legal-content/DE/TXT . Vgl. zudem artificialintelligenceact.eu (Stand Oktober 2025) und den „EU AI Act Compliance Checker Test".

einen, und den Recruitern und Kollegen im Unternehmen auf der anderen Seite. Und das ist ja so ziemlich das letzte, was wir dem potentiellen neuen Mitarbeiter und Kollegen mit auf den Heimweg geben möchten.

3.4.10 Nachbereitung und Objektivierung

Vorweg eine Warnung: vernachlässigen wir die Nachbereitung, können wir uns fast alles andere – und auch die weitere Lektüre hier – eigentlich sparen. Klingt dramatisch, ist aber so.

Auch wenn es unmittelbar nach einem Recruiting-Gespräch oftmals einen vermeintlichen Konsens über die Eignung eines Bewerbers gibt, empfehle ich dringend jedes Gespräch, und nicht nur in der Auswahl „der letzten drei", akribisch und diszipliniert nachzubereiten, statt sich dem ersten schnellen Urteil hinzugeben.

Für die interne Nachbereitung und die Aufbereitung von Feedbacks bewähren sich dabei folgende drei Schritte:

1. **Internes Feedback ad hoc** im oder nach dem Termin, aber ohne auf eine Entscheidung zu drängen
2. **Verteilen des Protokolls** binnen 24 Stunden
3. **Verbindliches Feedback** innerhalb der ersten 48 Stunden nach dem Gespräch zur Entscheidungsfindung für nächste Schritte

So sind die Eindrücke frisch, dokumentiert aber durch das Protokoll auch objektiviert.

E-Mail-Ping-Pong am Tag des Gesprächs hingegen oder Flurgespräche zur vermeintlich ersten, oft aber unbewusst letzten und von bewussten oder unbewussten Vorurteilen geprägten, Meinung helfen niemandem weiter. Sie verwässern sogar oft noch das Ergebnis, eines vorher professionell inszenierten Prozesses.

In der Beratung erlebe ich es leider regelmäßig, dass sich eine Recruiting-Runde genötigt fühlt, kurz nachdem der Kandidat den Raum verlassen hat, vermeintlich vielschichtig und, wie man dann später leider herausfindet, vor allem meist abschließend, ein Urteil fällen zu wollen. Meist dominiert dann das vernichtende oder das schockverliebte erste Urteil des Chefs oder auch die Eindrücke derer, denen emotional getriggert Einzelheiten stark im Gedächtnis blieben. Mehr dazu in diesem Buch im Kapitel zum klaren Denken. Und gerade emotionale Eindrücke potenzieren sich, wenn es nicht gelingt per Prozessordnung zu rationalisieren, zu objektivieren und Abstand zu gewinnen. Denn die emotionalen Eindrücke sind häufig auch von den eher persönlichen und zwischenmenschlichen Aspekten des Kennenlernens geprägt.

Um objektiv und damit professionell entscheiden zu können, bedarf es deshalb vor allem eines standardisierten Protokollformats, das durchaus auch auf nur ein oder zwei Seiten das Erlebte und die gewonnenen Erkenntnisse zusammenfasst und kategorisiert, es muss keine Doktorarbeit draus gemacht werden. Ein gutes Protokoll sollte aber sowohl die wichtigsten fachlichen Anforderungen vor- und festhalten, wie auch die komplementären Stärken und Talente und den berühmten „kulturellen Fit".

Zum Erstellen eines funktionalen und funktionierenden Protokolls braucht es dann übrigens auch kein Psychologie-Studium, die Praxis im Recruiting-Alltag der meisten Unternehmungen ist wesentlich pragmatischer und erfordert eher ein Format, in dem jeder mit Stichworten, entlang einer klaren Struktur und unbedingt ergänzt durch ein Scoring mit Zahlen, Noten oder auch Sternchen – z.B. von 1 bis 5 – seine Eindrücke niederschreibt. Aus der Summe der so gewonnenen und damit objektivierten Praktiker-Meinungen, durchaus auch vom Junior bis zum Geschäftsführer, entsteht meist bereits ein sehr gutes und anwendbares Bild.

Jedes Protokoll sollte jedoch gemäß den individuellen Anforderungen einer Stelle nochmal individualisiert werden, mit etwas Übung sprechen wir hier jedoch von wenigen Minuten Aufwand. Eine einheitliche Vorlage oder ein editierbarer Leitfaden in einer Word-Vorlage reicht hierfür vollkommen aus. Hauptsache, der eine macht nicht nichts, der andere freigeistige Zettelwirtschaft und ein Dritter hat sein ganz eigenes Excel-basiertes Bewertungssystem. Wie so ein Protokollrahmen aussieht, kann jeder Personaler für das eigene Unternehmen ersinnen. Im Anhang dieses Buches schlage ich als Vorlage eine Art Checkliste vor, die ich normalerweise nutze, um ein möglichst ganzheitliches Bild von den fachlichen bis zu den kulturellen Kompetenzen des Bewerbers festzuhalten.

Und noch etwas: Man sollte dem Bewerber erläutern, dass man mit Protokollen arbeitet, diese verbindlich für alle einsetzt und darauf großen Wert legt. Dann fühlt sich jeder abgeholt, kennt den Prozess und kann einordnen, warum wir als Recruiter mit Klemmbrett und Stift bewaffnet mitschreiben oder Häkchen setzen. Diese analogen Werkzeuge sind übrigens auf jedem Fall dem Laptop vorzuziehen, denn es gehört sich nicht, halb hinter dem Bildschirm zu verschwinden und den Bewerber dabei im Ungewissen zu lassen, ob man grade Protokoll schreibt, E-Mails liest oder sich neue Turnschuhe bestellt.

3.4.11 Zusagen und Absagen,

Ein weiterer – gern unterschätzter – Aspekt in der weiteren Nachbereitung von Recruiting-Gesprächen, ist das Zusagen und das Absagen und auch das leider manchmal nötige Hinhalten.

Jegliche Kommunikation von Auswahlergebnissen nach den persönlichen Gesprächen, also nach einem längeren gemeinsamen Weg, ob positiv als Zusage oder negativ als Absage, sollte persönlich und damit in der Regel telefonisch erfolgen. Gerne kurz, knapp und sachlich, aber nicht mit drei-zeiligen eMails, die im schlimmsten Fall noch automatisiert oder gar KI-generiert sind. Auch wenn genau das, leider eher die Regel, als die Ausnahme ist.

Man sollte sich jedoch nie für eine Auswahl-Entscheidung rechtfertigen, denn auch eine noch so gut gemeinte Rechtfertigung wird schnell verfänglich, unsouverän und kann im dümmsten Fall auch arbeitsrechtlich problematisch werden. Gründe für eine Absage sollten zudem ohne konkretisierte Vergleiche zu anderen Bewerbern und Kandidaten dargelegt werden.

Konstruktives Feedback hingegen ist für alle hilfreich und meist auch gern gehört. Denn oft ist es ja eine Entscheidung für jemanden, statt vor allem eine Entscheidung gegen eine andere Person. Vor allem unter den letzten drei oder vier oder fünf.

Und natürlich will sich jedes Unternehmen auch mal die „1B“ der Auswahl „warmhalten“, während eilig versucht wird die „1A“, also den Wunschkandidaten, unter Vertrag zu nehmen. Diesen Bogen sollte man aber nicht überspannen und sehr genau die Grenzen des Anstandes und die Grenzen zum Ghosting im Auge behalten. Gerade in der heutigen Recruiting-Unkultur, in der sich derzeit, so empfinde ich es zumindest in der Beratung zunehmend, ghostende Unternehmen und ghostende Bewerber gegenseitig in einem Teufelskreis herunter sozialisieren. Man sollte lieber offen und ehrlich ansprechen, dass man sich zwischen zweien noch entscheiden muss oder man erst mal mit drei anderen sprechen möchte, anstatt unrealistische Fristen zu nennen, die dann selbstredend gerissen werden. Zumal alle gängigen Floskeln und Hinhalte-Manöver am Bewerbermarkt bestens bekannt sind und routinierte Bewerber gedanklich ohnehin weiter ziehen, wenn Sie nach einem eigentlich sehr guten zweiten oder dritten Gespräch eine eMail bekommen, in der im weitesten Sinne etwas von „wir melden uns dann“ steht. Also lieber ehrlich sein. Dass man den Bewerber dann mitunter trotzdem ein paar Tage „hinhält“, was sich zwar keiner wünscht, liegt in der Natur der Sache und ist unvermeidbar, es geht aber eben darum, ob man auch das wertschätzend und anständig hinbekommt, denn man sieht sich nicht nur in meiner Branche mitunter zweimal im Quartal wieder, anstatt zweimal im Leben.

Berücksichtigt, implementiert oder reaktiviert man diese wenigen Standards unternehmensweit, ist schon viel gewonnen.

Und damit können wir uns über das organisatorische hinaus, einer neuen Haltung und damit einem echten Umdenken für das Recruiting-Gespräch in Zeiten neuer Erwartungen an Arbeit widmen!

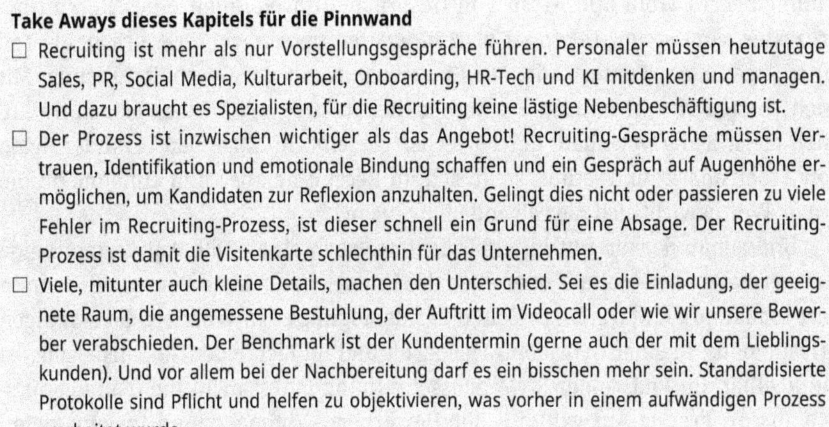

Take Aways dieses Kapitels für die Pinnwand

- ☐ Recruiting ist mehr als nur Vorstellungsgespräche führen. Personaler müssen heutzutage Sales, PR, Social Media, Kulturarbeit, Onboarding, HR-Tech und KI mitdenken und managen. Und dazu braucht es Spezialisten, für die Recruiting keine lästige Nebenbeschäftigung ist.
- ☐ Der Prozess ist inzwischen wichtiger als das Angebot! Recruiting-Gespräche müssen Vertrauen, Identifikation und emotionale Bindung schaffen und ein Gespräch auf Augenhöhe ermöglichen, um Kandidaten zur Reflexion anzuhalten. Gelingt dies nicht oder passieren zu viele Fehler im Recruiting-Prozess, ist dieser schnell ein Grund für eine Absage. Der Recruiting-Prozess ist damit die Visitenkarte schlechthin für das Unternehmen.
- ☐ Viele, mitunter auch kleine Details, machen den Unterschied. Sei es die Einladung, der geeignete Raum, die angemessene Bestuhlung, der Auftritt im Videocall oder wie wir unsere Bewerber verabschieden. Der Benchmark ist der Kundentermin (gerne auch der mit dem Lieblingskunden). Und vor allem bei der Nachbereitung darf es ein bisschen mehr sein. Standardisierte Protokolle sind Pflicht und helfen zu objektivieren, was vorher in einem aufwändigen Prozess erarbeitet wurde.

4 Eine neue Haltung im Recruiting

4.1 Wer bewirbt sich hier eigentlich bei wem?

Das Recruiting-Gespräch, aka Vorstellungsgespräch oder Interview, beschreibt als Sammelbegriff wohl alle Arten von Gesprächen im Rahmen eines Recruiting-Prozesses, vom ersten Telefonat bis zum dritten persönlichen Gespräch, als Teil eines Assessment Centers oder als Einzeltermin mit der Geschäftsführung. Mit „sich Vorstellen“ war und ist, wie bereits thematisiert und beklagt, jedoch traditionell meist leider vor allem der Bewerber gemeint. Im Zuge der Veränderungen von Arbeitsmarkt und -ethos, stellt sich im Recruiting aber nun zunehmend die Frage: Wer bewirbt sich hier eigentlich bei wem?

Und genau darauf gibt es wohl maximal noch eineinhalb Antworten: Beide gleichermaßen beieinander oder eben das Unternehmen beim Bewerber. Denn in hart umkämpften Märkten, in Zeiten des demografischen Wandels, im ständigen Krisenmodus, in einer hybriden Arbeitswelt und im Lichte der Globalisierung, ist die Realität am Ende einer Stellenausschreibung längst nicht mehr die genüsslich-aussortierende Auswahl aus 500 Bewerbern. Vielmehr, und in sehr vielen Branchen, sind Recruiter inzwischen heilfroh, wenn sie überhaupt eine Auswahl haben.

Sich dann auch zwangsläufig beim Bewerber zu bewerben, bedeutet aber wiederum nicht ganz grundsätzlich auf Kuschelkurs zu gehen, sondern vielmehr erst einmal vor allem eine andere Haltung einzunehmen. Eine Haltung, in der Recruiter als Vertreter einer Arbeitgebermarke authentisch werbend auftreten, ehrlich kommunizieren und sich auf Augenhöhe zu den Bewerbern bewegen. Dabei ist das echte Kennenlernen das Credo als Gegenentwurf zum „sich Vorstellen“ in einer eher Schwächen-orientierten Befragungssituation. „Rekrutieren statt Aussortieren“ lautet der gute Vorsatz. Für alle die, die den überhaupt noch brauchen. Denn in vielen Branchen hat es sich wie gesagt ohnehin längst erledigt mit Aussortieren.

Deshalb schauen wir uns genauer an, was es braucht, um zeitgemäß und effizient zu rekrutieren, in dem wir als Recruiter „unsere Hausaufgaben“ machen in puncto Employer Branding, Wertschätzung, Stärkenorientierung und wie wir auch mit einem klaren Kopf und klarem Denken besser Entscheidungen treffen können.

 | https://doi.org/10.1515/9783112230541-004

4.2 Kein Recruiting ohne Employer Branding

Sich als Unternehmen beim Bewerber zu bewerben, beginnt mit dem zentralen Gedanken und vor allem der Haltung, dass Recruiting nie ohne Job und Employer Branding gedacht und gemacht werden sollte. Denn erst die Reflexion der Eigenschaften, des Nutzenversprechens und damit der Positionierung als Arbeitgeber, macht das authentische Werben um einen Kandidaten möglich.

Zu oft haben Unternehmen und ihre Recruiter jedoch gar nicht reflektiert, geschweige denn ausformuliert, welche spezifischen Eigenschaften sie trennscharf auszeichnen, was sie von ihrem Wettbewerb wirklich unterscheidet und welchen konkreten Nutzen und welche Werte das Unternehmen seinen Mitarbeitern bieten kann. Als Personalberater positioniere ich in solchen Fällen mangels klarer Vorgaben der Mandanten, dann meist in Eigenregie eine Arbeitgebermarke und deren Employer Value Proposition (EVP), um eine Stelle überhaupt ehrlich, authentisch und letztendlich auch begehrlich beschreiben und promoten zu können. Dass jedoch wie ich ein Externer diese Arbeit an der Arbeitgebermarke übernimmt, ist vorsichtig formuliert nur die zweitbeste Lösung. Den Lesern dieses Buches als Stellvertreter ihrer Arbeitgebermarke soll es deshalb besser ergehen.

Definitionssache
Der Employer Value oder die Employer Value Proposition als Nutzen- und Wertversprechen beschreibt, welchen tatsächlichen Nutzen ein Unternehmen seinen Mitarbeitern verspricht und bietet. Die EVP geht über den finanziellen Nutzen als Tauschgeschäft in Form von Gehalt für Zeit und Arbeit hinaus.

Um eine Arbeitgebermarke für ein funktionales und gleichzeitig pragmatisches Arbeitgebermarketing zu positionieren, reicht meines Erachtens bereits ein solides Basiswissen über das Handwerk der Markenpositionierung aus. Ein Basiswissen, das ich auf den folgenden Seiten am Beispiel eines, „meines", Positionierungsprozesses und Markenmodells einmal erläutern möchte, um Employer Branding für das Recruiting und „für jedermann" handhabbar zu machen.

Eine professionelle Markenpositionierung ist zuallererst ein handwerklicher Prozess der Datenverarbeitung, um eine Marke in einem Modell überhaupt kompakt und verständlich beschreiben zu können. Wobei „Modell" bedeutet, dass man eine Marke in einem strukturierten, meist grafisch-visuellen, Rahmen darstellt. Denn Markenpositionierung ist entgegen dem leider verbreiteten Irrglauben kein Kreativprozess, um ein subjektives Wunschbild festzuhalten oder um Hochglanzbroschüren mit den Ideal-, und manchmal leider auch Wahnvorstellungen, des Managements zu befüllen. In vielen Firmen und gerade auch bei

KMU's, also kleinen und mittelständischen Unternehmen, werden mitunter und fälschlicherweise zudem drei bis fünf austauschbare Attribute (wobei „dynamisch", und „innovativ" schon mal für 90% der Unternehmen nie fehlen dürfen) oder daumendicke Markenbücher mit 28 wohlklingenden Selbstzuschreibungen und den dazu passenden Hochglanzfotografien als „Markenpositionierung" fehlgedeutet. Dass in solchen Unternehmen dann auch Arbeitgebermarken nicht vernünftig erarbeitet, beschrieben und positioniert sind, versteht sich von selbst.

Definitionssache
Markenpositionierung ist laut Franz-Rudolf Esch – dem Markenpabst im deutschsprachigen Raum – „die Fokussierung auf das Wesentliche" und „die hohe Schule des Marketings". Eine Markenpositionierung zielt ihm zu Folge darauf ab, eine Marke sowohl gegenüber der Zielgruppe attraktiv zu machen wie diese auch gegenüber dem Wettbewerb abzugrenzen[50]. Das Gabler Wirtschaftslexikon online ergänzt und fasst zusammen: „Markenpositionierung ist die Planung, Umsetzung, Kontrolle und Weiterentwicklung einer an den Idealvorstellungen der Nachfrager ausgerichteten, vom Wettbewerb differenzierten und von der eigenen Ressourcen- und Kompetenzausstattung darstellbaren, markenidentitätskonformen Position im Wahrnehmungsraum relevanter Zielgruppen."[51]

Neben dem im deutschsprachigen Raum schon seit Jahrzehnten verbreiteten Modell des Markensteuerrades von Esch „als systematisches und ganzheitliches Modell zur Erfassung der Identität einer Marke"[52], sind zum Beispiel der sogenannte „Brand Key" oder die „Markenpyramide" aus dem Hause Unilever [53], wie auch Kapferers „Brand Identity Primsa"[54] oder Aakers „Brand Identity Modell"[55] etablierte Modelle für die Markenpositionierung. All diesen Modellen ist gemein, dass sie definieren welche Werte, Kernbotschaften und Nutzen eine Marke verspricht oder transportiert. Als sogenannte identitätsorientierte Modelle beschreiben sie zudem, wie auch das Markensteuerrad, eine Marke als Persönlichkeit.

Die Positionierung einer Arbeitgebermarke sollte uns, den Recruitern, dabei helfen, ein authentisches Bild des Unternehmens gegenüber der Zielgruppe der Mitarbeiter einerseits und der Zielgruppe der Bewerber und Kandidaten anderer-

---

50 Vgl. Esch, Franz R.: Strategie und Technik der Markenführung. Seite 114 ff, erschienen in der 9. Auflage bei Vahlen (2018).

51 Vgl. Markgraf, D. (Prof., Dr.), im Gabler Wirtschaftslexiokon; abgerufen unter wirtschaftslexikon.gabler.de/definition/markenpositionierung im Oktober 2025

52 Vgl. Esch, Franz R. & Esch, D. unter esch-brand.com: Markensteuerrad. Abgerufen im Juni 2025

53 Vgl. Seite 16 ff bei Bruce, A.; Jeromin, C. (2016). *Agile Markenführung: Wie Sie Ihre Marke stark machen für dynamische Märkte*. Springer Fachmedien Wiesbaden.

54 Vgl. S. 171 ff bei Kapferer, J.-N. (2012). *The New Strategic Brand Management: Advanced Insights and Strategic Thinking*. Kogan Page, London.

55 Vgl. Aaker, D. A. (1996). *Building Strong Brands*. Free Press, New York, ab Seite 65.

seits zu beschreiben. Dabei – und das ist ganz wichtig, um als Personaler angst- und scheuklappenfrei an einer Marke zu arbeiten – soll die Arbeitgebermarke übrigens auch nicht bereits existierende Leitbilder, Satzungen, Mission Statements oder etwa die Definition und Positionierung einer Unternehmens- oder Produktmarke ersetzen oder negieren. Es geht vielmehr und „nur" darum die Spezifika als Arbeitgeber ehrlich und reflektiert zu beschreiben. Denn diese Beschreibung, zugespitzt auf eine Positionierung, brauchen wir, um über alle Botschaften, Inhalte und Medien im Employer Branding und Recruiting die richtigen Akzente zu setzen, anstatt beliebig oder schlichtweg frei erfundene Wunsch- und Trugbilder herauszuposaunen. Wunsch- und Trugbilder, die jeder Kandidat meist schon in der Bewerbung, spätestens aber dann in den ersten Tagen einer Anstellung entlarvt, mit wenig positivem Nachhall für die Mitarbeiterzufriedenheit.

Eine Markenpositionierung der Arbeitgebermarke beginnt wie gesagt immer mit der Sammlung und Verarbeitung von Daten. Daten aus dem Unternehmen, von den Mitarbeitern und aus dem Markt und Wettbewerb, die aus Mitarbeiterbefragungen, aus Wettbewerbsanalysen, von Arbeitgeberportalen wie kununu oder Glassdoor, aus der Satzung, dem Jahresbericht, der Selbstdarstellung des Unternehmens auf der Karriereseite oder eben auch aus der Positionierung der Unternehmensmarke und ihrer Produktmarken gesichtet, gesammelt und sortiert werden. Denn überall hier, hat bereits irgendein hoffentlich kluger Kopf ein Fremd- und Selbstbild im Ist und Soll reflektiert und damit meist auch bereits viele Aspekte und Eigenschaften des Unternehmens in seiner Funktion und Persönlichkeit als Arbeitgeber erfasst.

Und natürlich lohnt es sich auch eine eigene Marktforschung und eine tagesaktuelle Mitarbeiterbefragung zu diesem Zweck und für dann taufrische Daten zu erheben. Das soll hier nicht unter den Tisch fallen. Die Realität ist aber, dass genau diese Imperfektion der Daten und dann vor allem die zu ihrer Behebung vermeintlich nötigen Budgets, Ressourcen, Wochen und Monate, der Grund dafür sind, die Positionierung der Arbeitgebermarke wieder liegen zu lassen oder zu einem Zweijahres-Projekt mit sechs-stelligem Budget zu machen, das dann auch verlässlich nachhaltig den Marketingleiter und seine Agenturen und garantiert die Geschäftsführung auf- und verschreckt und gegen das Vorhaben in Stellung bringt – aus der Angst heraus hier verselbstständige sich etwas. Damit will ich nicht propagieren, dass nun jeder Angestellte gleich welcher Abteilung und Seniorität Markenarbeit in autodidaktischer Improvisation einfach mal projektieren sollte, ich möchte aber bereits hier zu mehr Pragmatismus ermutigen und dazu, als Personalabteilung auch bei einem Markenthema einmal voranzugehen, anstatt das Employer Branding in die Verantwortung anderer Stakeholder zu geben beziehungsweise es dort liegen zu lassen. Wohl dem also, der den Daten-Input für die Employer Brand bereits vorliegen hat oder bei Dritten bestellen kann, – ein Aufruf aber auch an alle anderen es trotzdem auch mal mit dem zu versuchen, was schon vorliegt. Nachjustieren geht dann immer, aber es gilt eben auch hier frei nach Erich Kästner: „es gibt nichts Gutes, außer man tut es!“[56]

Die Beschreibung und die eigentliche Positionierung der Arbeitgebermarke aus den Daten, also den Attributen, Eigenschaften und Zuschreibungen heraus, kann dann durchaus niederschwellig zum Beispiel in einem internen Ein-Tages-Workshop erfolgen, in dem die Mitarbeiter die Arbeitgeber-Charakteristika aufbereiten, konsolidieren und darüber bereits die Essenz der Arbeitgebermarke herausfiltern. Am effektivsten tut man dies übrigens mit einer heterogenen Gruppe von Mitarbeitern, also von „alt“ bis „jung“, von „schon lange dabei“ bis „neu“, von HR bis Sales und vom Chef bis zum Junior, um ein diverses und authentisches Bild zu bekommen. Gerade Kollegen, die erst vor Kurzem einen Recruiting-Prozess durchlaufen haben und das Unternehmen neu und unvoreingenommen erleben, sind oftmals besonders hilfreiche Positionierer. Viel mehr noch als die Alteingesessenen, die einen solchen Workshoptag schon mal mit ihrem „das haben wir schon immer so gemacht“ oder „so isses halt und wird sich nicht ändern“ beeinträchtigen.

Grundsätzlich sollten die zur Positionierung heran gezogenen Daten die prägendsten Perspektiven einer Arbeitgebermarke widerspiegeln und im Workshop bereits nach diesen sortiert werden. Und diese Perspektiven sollten sowohl den IST-Zustand reflektieren wie auch ein realistisches Soll-Bild. „Realistisch“ meint, wie oben bereits in der Definition zitiert „von der eigenen Ressourcen- und Kompetenzausstattung darstellbar“, weil sonst auch wieder ruckzuck das „Wünsch-Dir-Was“ einzelner die Oberhand gewinnt und man eine Arbeitgebermarke bastelt, die mit der Realität wenig zu tun hat.

Ich empfehle dabei die Daten zur Beschreibung der Arbeitgebermarke in neun Perspektiven zu betrachten, zu sortieren und dann zu clustern, die einen Arbeitsplatz im Wesentlichen bestimmen und bestenfalls positiv prägen. Im Einzelnen sind das:

1. **Sinn und Zweck** der Unternehmung, ihrer Produkte oder Dienstleistungen
2. **Status und Renommee** des Unternehmens und der Branche
3. **Aufgaben** und **Tätigkeiten** der Mitarbeiter
4. **Standort**, regionales **Umfeld**, **„Büro“** und **Arbeitsplatz**
5. **Arbeitszeit** inklusive aller „modernen“ Formen von der Kernzeit bis zum Sabbatical
6. **Führung**, Führungs- und Feedbackkultur
7. **Kultur**, „Klima“ und Rituale des Miteinanders

56 Vgl. Kästner, Erich: „Kurz und bündig“, erschienen im Atrium Verlag Zürich (1950). Je nach Ausgabe erscheint das Zitat auf den Seiten 267–296.

8. **Aus**- und **Weiterbildung**, Entwicklung- und Karriere
9. **Entlohnung** inklusive aller Formen von Boni und Benefits

Meist gelingt es dann relativ schnell und unkompliziert über ein Brainstorming, über die Analyse der recherchierten Daten aus den diversen Medien und Unterlagen (siehe oben) und über den Austausch in Kleingruppen nahezu alle wirklich prägenden Eigenschaften des Arbeitgebers zu sammeln. Die gesammelten und vorsortierten Eigenschaften lassen sich in einem Markenmodell dann je Perspektive oder Kategorie zu wenigen Aussagen verdichten. Weniger – mutiger, positionierender – ist auch hier mehr. Denn nicht erst Franz Joseph Strauß, der sonst wohl in so ziemlich allen Belangen kein guter Ratgeber für unsere neue Arbeitswelt wäre, wusste – beziehungsweise wird auch ihm eher folgendes Zitat zugeschrieben – „Everybody's darling is everybody's Depp!"

Und da nun schon der Begriff des Markenmodells fiel, wollen wir uns die Theorie zu dem von mir empfohlenen in den Grundzügen einmal anschauen, um nicht am Ende mit sieben DIN-A4-Seiten Eigenschaften sitzen zu bleiben, ohne diese für jeden anwendbar als echte Markenpositionierung konsolidiert zu haben.

Ich arbeite aufgrund der operativen Praktikabilität und Anwendbarkeit in der Regel mit einem sehr einfachen und aus dem sicherlich vor allem im deutschsprachigen Raum vielen bekannten Markensteuerrad abgeleiteten Markenmodell, wobei ich im Bemühen um einen sehr niederschwelligen Zugang dazu, nur mit 3 Positionierungsfeldern arbeite, statt derer vier im Markensteuerrad. Die drei Perspektiven, die wir aus den 9 untersuchten Eigenschaftsperspektiven eines Arbeitgebers mit Leben und Inhalt füllen, sind:

1. Die deskriptiven **Eigenschaften** des Arbeitgebers, der Arbeitgebermarke
2. Der emotionale und praktische **Nutzen** für die Arbeitnehmer – übersetzt aus den Eigenschaften
3. Das **Markenbild**, das definiert, wie die Arbeitgebermarke, der Arbeitgeber kommunikativ und audiovisuell auftritt in Sprache, Tonalität, in Bildwelten und der Corporate Identity

Optional kann man der Markenpositionierung zudem einen Claim hinzufügen, wie dies im Markensteuerrad und auch in vielen anderen Markenmodellen vorgesehen ist, also quasi eine Verdichtung auf „das Freude am Fahren", auf ein „Ich liebe es" oder auch ein „geiz ist geil", wenn man denn will. Hier rate ich bei Arbeitgebermarken jedoch zur Vorsicht, da ein solcher Claim einerseits häufig doch wieder „kreativ" gerät und sich andererseits gerne mal verselbstständigt und dann stark vereinfachend überall plakatiert wird, ohne die ihm zugrundeliegende Markenpositionierung mit mehr Details und Feinheiten mitzutransportieren. KIS(S) – „Keep it simple" und von mir aus auch ein bisschen „stupid", kann nicht schaden, wenn wie in unserem Fall auch Menschen mit der Marke arbeiten sollen und werden, die das nicht studiert oder gelernt haben.

Die gesammelten Eigenschaften aus unserem Workshop übertragen wir also zunächst in das Feld der deskriptiven Eigenschaften unserer Arbeitgebermarke, wie auch in das Feld des Arbeitnehmernutzens. Meist redigiert man in ein bis zwei Runden dann nochmal die Auswahl, so dass am Ende bestenfalls die wirklich zentralen Aussagen zur Arbeitgebermarke stehen bleiben. Hier ist wie gesagt Mut zur Position, zur Positionierung gefragt.

Und da fast jede Eigenschaft, wie beispielsweise das gern zitierte „moderne Büro" oder die „flachen Hierarchien", auch einen viel wichtigeren Nutzen für den Mitarbeiter beinhalten, sollten wir auch noch etwas „Übersetzungsarbeit" investieren, also aus den deskriptiven Eigenschaften, jeweils auch den Nutzen ableiten, wenn möglich. Das sind, um bei unseren Beispielen zu bleiben dann etwa „kurze Pendelzeiten" oder eine „ausgewogene Work-Life-Balance" für das bis dato schnöde als „modern" beschriebene Büro oder „Mitbestimmungsrechte und Selbstwirksamkeit" und eine „kollegiale Duz-Kultur" für die bis hierher nur mit „flacher Hierarchie" titulierte Eigenart der Zusammenarbeit. Da Arbeitnehmer vom Nutzen naturgemäß mehr profitieren als von den dem zugrundeliegenden deskriptiven Eigenschaften, macht diese Übersetzungsarbeit den Unterschied und damit die Positionierung erst aus. Der Markennutzen steht dann auch im Mittelpunkt der Konsumentenwahrnehmung.

Und auch dem Markenbild sollte man angemessene Aufmerksamkeit schenken, obwohl gerade hier meist Sollbruchstellen zu den Marketingkollegen aufgehen und sich der ein oder andere Personaler mit den bunten Bildern, Logos, Text, und im weitesten Sinne „dem kreativen" scher tut. Es ist aber oftmals eben nicht damit getan, das Markenbild der corporate Marke 1:1 auch für die Arbeitgebermarke zu verwenden. Das fängt bei der Frage an, ob wir im Recruiting duzen oder siezen, tangiert die Frage, ob die Bildwelten des Unternehmens in seiner Eigenschaft als Arbeitgeber zwangsläufig auch die sind, die wir gegenüber ganz anderen Zielgruppen wie den Konsumenten im Supermarkt, Autohaus oder am Bankschalter einsetzen – Spoiler: nein – und reicht bis zur Diskussion, ob die Tonalität unserer Texte, Kampagnen und Social Media Posts gegenüber Endkunden oder gar den Aktionären auch die richtige ist, wenn wir den Bewerbermarkt ansprechen möchten. Auch hier gilt natürlich, dass die Arbeitgebermarke nicht die Unternehmensmarke negiert, negieren darf, ein individualisiertes Markenbild braucht es aber immer, und sei es nur, um die schönen Büros auch mal zu zeigen oder das zufriedene, nette und diverse Kollegium – statt der gerne strapazierten Stock-Fotos mit den immergleichen extrem politisch korrekten vielgeschlechtlichen, multiethnischen und ganz sicher immer artifiziell gut gelaunten und wahnsinnig gut gekleideten synthetischen „Grinsegesichtern“.

Für Arbeitgebermarken ist die Positionierung in einem Positionierungsmodell[57], statt in einer Hochglanzbroschüre oder auf einem DIN-A4-Zettel meines Erachtens auch deshalb so wichtig, da nur ein solches Modell für jeden anwendbar ist und ein konsistentes Employer Branding von der Stellenausschreibung, über den Social Media Post, bis in die Recruiting-Gespräche möglich macht, ohne dass es überall studierte Marketingfachleute als Übersetzer braucht. Ob man seine Marke dann wie im Steuerrad in einem Kreis darstellt oder auf einer Seite in den drei „Kategorien“ Eigenschaften, Nutzen und Markenbild eher auflistet, kann jeder für sich selbst entscheiden. Eine grafisch-visuelle Darstellung ist jedoch meist etwas einprägsamer und anschaulicher als „ein Text“. Dabei muss es dann auch nicht das Bierdeckelformat werden, dass einst Friedrich Merz für die Steuererklärung proklamierte[58]. Hauptsache unsere Marke ist datenbasiert, positionierend mutig und konkret und zugespitzt formuliert und übersichtlich, komprimiert und leicht verdaulich dargestellt.

Und um einer professionellen, handwerklichen und Daten basierten Positionierungsarbeit vielleicht noch den letzten Schrecken zu nehmen: Gerade eine Arbeitgebermarke darf dynamisch sein. Sie sollte nicht in den Grundzügen ständig verändert werden, darf aber modellierbar im Zeitgeist sein, um den Entwicklungen des Unternehmens und des Marktes angepasst zu werden, wenn nötig. Das vielleicht zu guter Letzt noch als Grußwort an die Marken-Dogmatiker, die dem ein oder anderen Personaler sein Employer Branding-Projekt und -Mandat madig machen wollen.

Eine Arbeitgebermarke in einem Modell zu positionieren ist für unser Thema, die Recruiting-Gespräche, aber keine reine Fingerübung oder eine Randnotiz. Vielmehr, und damit schließt sich der Kreis, braucht es diese Selbstreflexion der Arbeitgebermarke zu all ihren Eigenheiten, Stärken und Schwächen, um aus ihr heraus überhaupt erst authentisch kommunizieren und rekrutieren zu können. „Aus der Marke heraus“ zu rekrutieren, ist ein Zeichen von Haltung. Einer Haltung für ein authentisches Rekrutieren und damit auch für ein Gespräch auf Augenhöhe.

---

57 Vgl. Zednik, A., Strebinger, A.: „Marken-Modelle der Praxis“ (2005).

58 Friedrich Merz präsentierte 2003 als damaliger Finanzexperte der CDU, einen Entwurf für eine vereinfachte Einkommensteuer, der so simpel sein sollte, dass man die Berechnung der Steuer auf einen Bierdeckel schreiben könnte

4.3 Wertschätzung ist mehr als Respekt

Kommen wir zu einem weiteren, wichtigen Aspekt eines besseren Rekrutierens mit Haltung: der Wertschätzung.

Wertschätzung ist wie alles, was wir hier besprechen, auch im Recruiting-Gespräch alles andere als reiner Selbstzweck. Wertschätzung ist vielmehr ebenfalls einer der Türöffner für ein effizienteres Recruiting und steht geradezu als Mantra über fast allem, was sich sowohl Kandidaten wie auch Führungskräfte, voneinander wünschen: Transparenz, ein offenes Ohr, Feedback, gerne auch konstruktives, Teamgeist und Respekt.

Wertschätzung ist damit so etwas wie „die Mutter" aller Prinzipien einer guten Zusammenarbeit, weil erst innerhalb eines wertschätzenden Miteinanders Menschen wachsen können, Individualität und Diversität möglich werden und es gelingen kann, fehler-offen und innovativ zu sein. In einer BCG-Studie[59], die weltweit über 200.000 Menschen aus 189 Ländern zu ihren beruflichen Wünschen befragte, landete das Bedürfnis nach Wertschätzung folgerichtig dann auch auf Platz eins.

Fehlende gegenseitige Wertschätzung hingegen ist leider entlang des gesamten Recruiting-Prozesses bei vielen Unternehmen und Recruitern eine Dauerbaustelle und dann oft auch der Show-Stopper für eine Anstellung bereits im ersten persönlichen Kontakt, bevor man sich überhaupt kennengelernt, geschweigen denn auch nur einen Tag zusammengearbeitet hat.

Denn zu Recht schlussfolgern Kandidaten vom Erleben im Recruiting-Prozess auf die Kultur im Unternehmen wie weiter vorne schon erläutert.

Oft mangelt es schon daran, eine berufliche Veränderung überhaupt als Lebensentscheidung zu begreifen und als solche wert zu schätzen. Es mangelt aber genauso oft an der Wertschätzung für die Lebenserfahrung erwachsener Menschen, die im Recruiting in dutzenden Argumentations- und Rechtfertigungsrunden filetiert werden, als kämen sie direkt von der Grundschule. Und viel zu oft mangelt es außerdem an der Wertschätzung für investierte Lebens- und Arbeitszeit in einem Recruiting-Prozess – das gilt übrigens sowohl für die Recruiter und deren Geringschätzung des Engagements der Bewerber, wie auch für die Geringschätzung vieler Kandidaten für den Ressourceneinsatz und das potentielle finanzielle Commitment für eine Festanstellung in Vollzeit eines Unternehmens schon während der Besetzung einer Stelle.

---

59 Vgl. BCG & The Network, 2014 und 2018

Deshalb an dieser Stelle einige niedrigschwellige Beispiele – gerne und unbedingt zu ergänzen in und für die eigenen Recruiting-Realitäten – für rasch implementierbare Gepflogenheiten für ein wertschätzenderes Recruiting.

Dazu aber zunächst noch einmal etwas grundsätzliches zur Erinnerung: jeder Bewerber legt bereits mit der schriftlichen Bewerbung, und damit oftmals noch fast anonym, zahlreiche private, persönliche und vertrauliche Informationen offen, vom Lebenslauf über Zeugnisse bis zu den privaten Kontaktdaten, ohne überhaupt zu wissen, wer die Bewerbungsunterlagen eigentlich liest oder wie viele Recruiter auf diese Zugriff haben. Um in den dann folgenden Gesprächen, gerne auch gleich im ersten, dann nicht selten noch aufgefordert zu werden „auch mal was über sich zu erzählen". Bei Bewerbungen und im Recruiting tolerieren wir also alle bewusst oder unbewusst von vornherein bereits ein Ungleichgewicht, dass man wohl in allen anderen „Lebenslagen" nicht mitmachen würde.

Besser geht das, in dem zum Beispiel bereits in der Ausschreibung und ganz sicher aber auf der Karriereseite, ein Ansprechpartner für den initialen Kontakt im wahrsten Sinne des Wortes – mit einem Foto – ein Gesicht bekommt, seine vollständigen Kontaktdaten offenlegt und proaktiv den Kontakt für erste Fragen und Nachfragen anbietet. Oder, das hatten wir auch schon, in dem sich später beim ersten persönlichen Kontakt immer zunächst einmal die Recruiter vorstellen, auch mit einigen persönlichen Informationen, ganz im Bewusstsein um die bereits erbrachten informellen Vorleistungen der Kandidaten. Das ist trivial, aber nicht Usus meistens.

Ein weiteres Potential für mehr Wertschätzung im Recruiting-Prozess, liegt den guten alten Sekundärtugenden folgend darin, Termine und deren Terminierung in Bewerbungsverfahren ernst, gerne sehr ernst, zu nehmen. Gemeint ist nicht nur die Pünktlichkeit, sondern eben auch die Verlässlichkeit von Fristen und Terminen. Denn wir sprachen eingangs bereits darüber: ein Feedback „nächste Woche" klappt meistens nicht, weil irgendwas oder irgendwer ja immer fehlt. Warten, Hinhalten, Ghosten als vermeintlich neues Naturgesetz im Recruiting, sind aber für alle eine Zumutung und tangieren nachhaltig die Lust aufeinander. Und das ebenfalls noch bevor man überhaupt eine Entscheidung treffen konnte. Also lieber „plus fünf Werktage" planen und kommunizieren für die nächsten Schritte, Angebote oder Zusagen. Über eine dann doch frühere Rückmeldung ist auch keiner traurig. Zur Bedeutung von Terminen und Termintreue im Recruiting ist zudem zu ergänzen: Recruiting-Gespräche sollten stets oberhalb anderer Termine priorisiert werden. Trotz der landläufigen Praxis diese eher als lästige Pflicht abzuarbeiten. Denn viel zu oft enden Gespräche im Recruiting eher aus Zeitgründen und wegen zu eng getakteter Kalender, als dass sie zu einem erkenntnisreichen Ende kommen. Was dabei dann ebenfalls fast immer unter geht ist sich am Ende eines persönlichen Gesprächs einmal auch ein ehrliches und damit ebenso wertschätzendes Feedback zu geben. Ein solches Feedback schafft zudem auch ganz viel Klarheit. Klarheit darüber, ob wirklich alles verstanden wurde, ob noch Fragen offen sind oder was es vielleicht doch noch braucht, für eine Entscheidung.

Und zu einem wertschätzenden Recruiting gehört übrigens auch, einen Bewerber immer mit allen Aspekten der Person und des Werdegangs zu betrachten, also den Gesamteindruck aus Lebenslauf, Berufserfahrung, Erfolgen und Referenzen, den Zeugnissen und natürlich auch, aber eben nicht ausschließlich, aus den persönlichen Gesprächen wert zu schätzen und gelten zu lassen. Denn auch, wenn natürlich ein guter Auftritt und Eindruck des Bewerbers im Recruiting-Prozess ein wichtiges Einstellungskriterium ist, deshalb ja auch dieses Buch hier, erlebe ich es leider oft, dass es zu dem alleinigen Einstellungskriterium wird. Der eine verrutschte halb-Satz im Videocall oder die etwas lasche Argumentationskette im 3. Gespräch – von vieren – wird dann zum KO-Kriterium deklariert. Einerseits „bewundere“ ich dann die rasche und radikale Urteilsfähigkeit meiner Mitrekrutierenden, die scheinbar in der Lage sind, aufgrund von vier Minuten Hängepartie in einem persönlichen Gespräch 20 Jahre Berufs- und 40 Jahre Lebenserfahrung zu negieren, andererseits bin ich jedoch vor allem auch überzeugt davon, dass man sich viel Potenzial entgehen lässt, wenn man sich nicht „zwingt“ eine ganzheitliche Analyse aller Unterlagen und aller in den Gesprächen gewonnenen Eindrücke durchzuführen. Hilfreich und Bedingung dafür ist auch hier eine gute Objektivierung durch einen strukturierten Prozess und unsere viel gelobten Protokolle. Im Zweifel also auch einmal für den Angeklagten – Bewerber – entscheiden, als immer nur gegen ihn. Denn wir suchen ja nicht Liebe auf den ersten Blick, sondern eine mittelfristig sehr gute Arbeitsbeziehung.

Und noch etwas zur Wertschätzung, gerade gegenüber denen, die es nicht geworden sind, die wir nicht als unsere Nummer 1 angestellt haben. Absagen, insbesondere nach guten Gesprächen, machen niemandem Spaß, das ist klar. Auch deshalb rate ich dazu und wie weiter vorne in diesem Buch schon skizziert, knapp und präzise zu bleiben, keine Diskussionen zu führen oder gar konkrete Vergleiche zu anderen Bewerbern anzustellen. Eine ehrliche Begründung einer Entscheidung ist jedoch nicht nur eine Frage der Professionalität, sondern eben auch der Wertschätzung. Das ist schon allein deshalb wichtig, weil man die Nummer Zwei oder die „1B“ eines Tages und für eine andere Vakanz vielleicht ja nochmal anrufen möchte. Und da der weit verbreitete Standard des „Absagens“ derart schlecht ist, weil schludrig und oftmals als Standardmail oder Einzeiler „hingerotzt“, kann man als Recruiter, als rekrutierendes Unternehmen, beim Absagen quasi als „Quick Win“ mit ganz wenig Aufwand bereits einen echten Unterschied machen. Wie bei vielen der kleinen und größeren Tipps in diesem Buch, stehen Aufwand und Ertrag gerade hier in einem unschlagbaren Verhältnis.

Ach ja, nicht dass das hier ganz vergessen wird: Wertschätzung obliegt immer beiden Seiten und deshalb natürlich auch den Bewerbern. Ghosting, Unpünktlichkeit, sich nicht vorbereiten, drei Firmen gleichzeitig zusagen und ähnliches fallen einem nicht nur in einer kleinen „People's Branche", wie der meinen, unmittelbar und direkt auf die Füße.

4.4 Stärken stärken stärkt!

Kommen wir nun einmal vom einen „Goldie", der Wertschätzung, zum nächsten, der Stärkenorientierung als Haltung und Handlungsmaxime im Recruiting.

Die Theorie der Stärkenorientierung ist sicher vielen schon einmal untergekommen, und sei es „nur" über die *Cliften Strengths" beziehungsweise den „Gallup StrengthsFinder*[60] oder als viel zitiertes Denkmodell moderner und zeitgemäßer Führung.[61] Als Beitrag zu einem glücklichen Leben ist die Stärkenorientierung Teil der positiven Psychologie und für die Idee von New Work, und damit für unsere Idee eines anderen Recruitings und besserer Recruiting-Gespräche, kaum wegzudenken. Die positive Psychologie stellt vor allem menschliche Ressourcen, Stärken und Potenziale in den Mittelpunkt. Auch als Gegenentwurf zum Aussortieren im Recruiting früherer Tage und wohl in vielerlei Hinsicht leider auch als Gegenentwurf zu unserem Schulsystem.

Definitionssache

„Positive Psychologie adressiert, was das Leben lebenswert macht. Die psychologische Forschung und Praxis der positiven Psychologie ist darum bemüht, mit menschlichen Stärken wie mit Schwächen umzugehen und genauso interessiert daran, das Beste im Leben auszubauen, wie daran, das Schlimmste zu überwinden, und genauso daran zu arbeiten, das Leben gesunder Menschen lebenswerter zu machen, wie daran, Psychopathologie zu heilen." Definieren Lopez, Snyder in The Oxford Handbook of positive Psychology auf Seite 23 des Vorwortes).

Stärkenorientierung in der Arbeitswelt und insbesondere in der Führung, geht dabei von folgenden Zusammenhängen aus:

- **Erfolg** ist ein zentraler Faktor für **Zufriedenheit**
- Erfolg stellt sich ein, wenn wir Dinge tun, die wir **gut können**
- Dinge, die wir gut können, entsprechen unseren **Talenten**, die ein wesentlicher Teil unserer **Stärken** sind

60 Vgl. www.gallup.com/cliftonstrengths/de ; abgerufen im Mai 2025

61 Vgl. Wehrlin, U.: „Positive Leadership", bei Optimedien, 2014

Verkürzt gesagt gilt also: Stärken stärken, statt sich an Schwächen abzuarbeiten! Und gelingt individueller Erfolg durch die Förderung von Stärken, profitiert auch immer kollektiv das Unternehmen. Das belegen zahlreiche Studien, die den Zusammenhang von Stärkeneinsatz, Produktivität, Arbeitszufriedenheit, Engagement und einer positiven Haltung gegenüber anderen und der Organisation untersucht haben.[62]

Warum aber ist die Stärkenorientierung gerade auch im Recruiting, also abseits von Stärkenorientierung als Führungsphilosophie, wertvoll? Zeitgemäßes Recruiting in unserem und in diesem Buch hergeleiteten Sinne verfolgt einen ähnlichen Ansatz wie die positive Psychologie: „Build what's strong", statt „fix whats's wrong"[63] bedeutet für uns vor allem ein „weg vom Aussortieren" und hin zu einem „nach Stärken suchen". Und da geübte Recruiter ohnehin nicht mehr als 10 Minuten benötigen, um Schwächen zu finden und auf ihnen herum zu reiten, können Schwächen übrigens schon rein praktisch gar nicht der rote Faden eines effizienten Recruiting-Gesprächs sein.

Im Prozess selbst, also vom ersten Telefonat bis zum dritten persönlichen Gespräch, heißt Stärkenorientierung dann vor allem, bewusst und gezielt immer wieder nach weiteren, komplementären, spezifischen Talenten und Stärken zu suchen. Die Losung lautet also auch: „Richte deinen Fokus auf die Lösung und nicht auf das Problem"[64]. Das klingt zwar profan, unser Schul- und Ausbildungssystem haben uns aber über Jahrzehnte in aller Regel für das Gegenteil trainiert: nämlich nach Schwächen zu suchen, um dann auszusortieren.

In der Recruiting-Praxis kann Stärkenorientierung ganz praktisch und greifbar implementiert werden, indem man zunächst einmal die mitunter grassierenden Gewohnheiten der Schwächenorientierung überhaupt akzeptiert., um ihrer dann Herr zu werden. Folgende Praxistipps können helfen, Sensibilität für die Schwächenorientierung zu schaffen, um daraus dann die Stärkenorientierung als Haltung im Recruiting zu schärfen.

Ein unrühmliches Praxisbeispiel, dass sicher nicht nur jeder Personalberater kennt, ist etwa „die vergebliche Suche nach der zehn" beziehungsweise auch umgekehrt nach dem Haar in der Suppe als Beleg für die oft auch unbewusst gelebte Praxis des Aussortierens. In diesem Zusammenhang dann auf der Suche nach dem Heilsbringer an den eigenen Realitäten vorbei zu rekrutieren, stellt in meiner Beraterpraxis dann auch eines der größeren und wiederkehrenden Probleme dar. Unternehmen, die hierfür anfällig sind, haben meist dann auch keine, oder

62 Vgl. Hantmann-Willmes, B.: „Remote positive Leader" auf Seite 57 ff

63 Dieses Zitat wird Martin Seligman, einem der Begründer der Positiven Psychologie, zugeschrieben

64 Dieses Zitat wird Mahatma Gandhi zugeschrieben.

unrealistische, Vorstellungen, wen sie tatsächlich komplementär brauchen. Ein solcher Mangel an Selbstreflexion gepaart mit dem Fokus auf die Schwächen der Kandidaten, führt dann fast immer dazu, das versäumt wird „eine gute acht“ einzustellen, um im Bild mit der Zahlenbewertung zu bleiben, in der Hoffnung „die zehn“, komme noch irgendwann in goldener Rüstung aus dem Horizont geritten. Eine klassische „loose-loose-Situation“ also.

Ein weiteres Paradebeispiel für Schwächen-Orientierung liegt auch im Recruiting-Prozess, den Prozessschritten, selbst. Denn oft wird nicht klar voneinander getrennt definiert, was im ersten, was im zweiten und in weiteren Gesprächen stattfindet. Und vor allem: was nicht! Das hatten wir weiter oben schon, sich im dritten Gespräch jedoch noch einmal den CV vorlesen zu lassen ist aber ebenso ein Unding, wie im ersten Telefonat über die Gehaltsverhandlung zu stolpern. Solch ein am Ende dann Schwächen-orientiertes „Tribunal-Hopping“, in dem die Recruiter „immer wieder zurück auf Los“ gehen, funktioniert nicht. Wenn also zum Beispiel die Geschäftsführung es den Mitarbeitern nicht zutraut in ein drittes Gespräch nur top Leute zu bringen, dann muss der Chef halt selbst ins Erst- oder Zweitgespräch, er sollte aber eben nicht mitten im Prozess nochmal mit den Grundsatzfragen einer Eignung daherkommen. Denn es gehört sich schlichtweg nicht, seniorige Führungskräfte wider deren belegter Lebens- und Berufserfahrung und wider ihren Referenzen und Errungenschaften, im Recruiting wie F-Jugendliche im Probetraining des FC Kleinkleckersdorf zu behandeln – um mal wieder meine Branche ins Spiel zu bringen – ganz zu schweigen davon, dass derlei Prozesschaos ein Vielfaches der Zeit beansprucht, die ein gut strukturierter Prozess ohne wiederkehrende Tribunale erfordern würde.

Ein weiterer Kniff, um erst gar nicht ins Aussortieren und Abarbeiten an den Schwächen zu verfallen, ist ein Stärkenprotokoll entlang der Stellenspezifikation anzulegen. Damit zwingt man sich, die Recruiter, per Formalie, den Fokus auf komplementär benötigte Stärken zu richten und lenkt so den Blick konsequent auf Potenziale. Und da viele, vor allem unerfahrene, Recruiter dazu tendieren sich grundsätzlich eher negative Eindrücke zu notieren, wirken diese Notizen dann leider auch überproportional nach gegenüber den nicht schwarz auf weiß dokumentierten anderen, auch positiven, Eindrücken.

Und auch die Art der Fragestellung im Recruiting-Gespräch kann eine Stärken-Orientierung befördern oder eben bewusst oder unbewusst auf die Schwächen lenken. Gerade bei den eher dominanten Recruiter-Typen erlebe ich es beispielsweise oft, dass man mit abstrakten Fragen so etwas wie eine überlegene Intellektualität suggerieren möchte. Solche Fragen lauten dann etwa: „Wo stehen Sie denn gerade überhaupt in ihrem im Leben?“, „Wie genau definieren Sie denn für sich ganz persönlich Erfolg?“ oder : „Was bedeutet Arbeit für Sie?“ Diese Art der Fragen, ganz ähnlich wie unsere Tier-Frage vom Beginn dieses Buches, gehen übrigens auf die sogenannten „Koan-Fragen" zurück, die Zen-Meister als eigentlich unlösbare Aufgaben ihren Schülern stellten. Auf solche Fragen gibt es naturgemäß keine richtigen und auch keine falschen Antworten. Sie adressieren eher das Improvisationstalent, wirken aber für viele Bewerber vor allem verunsichernd und sind dadurch, manchmal auch ungewollt, vor allem Schwächenorientiert. Setzt man sie trotzdem ein, sollte dies immer mit Bedacht erfolgen und sensibel gegenüber dem Bewerbertypus. Und es ist wichtig, den Bewerbern bei solchen Fragen wirklich klarzumachen, dass es nicht um richtig, falsch oder intellektuellen Tiefgang geht, sondern die Kreativität, Reaktionsfähigkeit und Empathie eines Bewerbers betrachtet werden soll. Solche Koan- oder Zen-Fragen sind also eher ein Persönlichkeitstest, statt eine probate Fragetechnik für jeden Bewerbertyp.

Ein weiteres gutes Instrument, um die für einen spezifischen Job und seine Aufgaben einschlägig relevanten Stärken und Schwächen eines Kandidaten zu ergründen, sind die guten alten Case Studys. Also kleine oder mittelgroße Aufgaben, die ein Kandidat lösen und ausarbeiten soll, meist in einem zweiten oder dritten Gespräch, in dem man wie ich immer zu sagen pflegen „in ein Expertengespräch auf Augenhöhe" kommen möchte und die Ebene des Kennenlernens zu Gunsten einer dann vor allem fachlichen Vertiefung verlassen will. Case Studys sind ein als Arbeitsprobe in vielen Branchen etabliertes, weil niederschwelliges und praxisnahes, Assessment Tool für viele Berufe und Fachrichtungen. Ihr Vorteil liegt darin, dass der Arbeitgeber in der Bearbeitung einer Case Study recht schnell sieht, wie jemand eine Aufgabe löst, die der Bewerber so oder so ähnlich als neuer Mitarbeiter sowieso in Woche drei nach einer Anstellung auf dem Tisch gehabt hätte. Case Studys sind also oftmals der Praxistest, der ein Recruitung-Gespräch vervollständigt. Einige meiner Recruiter-Kollegen händigen eine Case Study jedoch gerne ad hoc im Termin oder mit nur 24 Stunden Vorlauf aus, statt 5–7 Werktage vor einem Termin, und räumen damit quasi keine Vorbereitungszeit ein. Eine solche Case Study ist zwar eine nette Fingerübung für Spontanität oder als Stresstest probat, sie ist aber vor allem ein Paradebeispiel für Schwächen-Orientierung im Recruiting. Denn es gibt zwar Kandidaten, die auch solche Aufgaben ganz gut lösen, man schafft aber mit einer solchen ad hoc Aufgabe vor allem unnötig komplizierte und unnatürliche Rahmenbedingungen, die ein Scheitern geradezu herbeibetteln, den „Lucky-Punch" statt echter Fachlichkeit bevorteilen und ganz nebenbei oft eher wenig mit der beruflichen Realität zu tun haben, es sei denn man arbeitet in einem Improvisationstheater. Ganz zu schweigen davon, dass sehr gute Kandidaten bei einer solchen Willkürübung auch gerne mal aussteigen. Man gewinnt also rein gar nichts, in dem man die Kandidaten mit solchen ad hoc Micro-Cases drangsaliert, denn in die Tiefe kann man damit auch nie gehen, man verliert aber die wunderbar praxisnahe Gelegenheit, einen Kandidaten unter nahezu realen Bedingungen mit seinem Können und in angemessener Werktiefe in Konzeption und Präsentation kennen zu lernen. Dass es trotzdem manchmal opportun sein mag, spontan kleinere „Aufgaben“ im Termin zu stellen, wenn diese sich aus dem Kontext einer Diskussion ergeben, bleibt hiervon unberührt. Solche Aufgaben sollten aber nicht den Eindruck erwecken oder Zweck verfolgen eine konzeptionelle Case Study als Arbeitsprobe mit Werktiefe zu ersetzen.

Stärkenorientierung ist also wie die Wertschätzung vor allem auch eine Frage der Einstellung und Haltung im Recruiting-Gespräch. Und lösen wir uns davon, auszusortieren und so lange auf einem Bewerber herrumzureiten, bis der einen Fehler macht, verabschieden wir uns eben auch von dem Trugschluss, im Recruiting und Assessment immer alles zu hundert Prozent richtig machen zu können oder zu müssen. Denn es ist in Ordnung die Probezeit durchaus beiderseits als solche zu nutzen und deshalb auch mal im Zweifel für einen Kandidaten zu entscheiden und etwas auszuprobieren.

Vielleicht führt ein Handeln nach dieser Erkenntnis ja auch zu mehr Durchlässigkeit des Arbeitsmarktes, in der es einerseits dann kein Drama mehr ist öfter mal den Job zu wechseln und andererseits auch die Arbeitnehmer schneller und unkomplizierter wieder den Weg in Lohn und Brot finden können. Eine Durchlässigkeit, die in vielen anderen Ländern ohnehin schon vielmehr Realität ist als bei uns. Und da gerade die Sozialisation der 2000er-Jahren dazu führte, dass viele Angestellte flexibler werden, ist es wohl in Ordnung, wenn beide Seiten, Arbeitgeber und Arbeitnehmer, sich nicht mehr zwanghaft dem Irr- und Wunschglauben von Einhundert-Prozent-Lösungen im Recruiting hingeben. Auch Fehlertoleranz ist dann Stärkenorientierung. Eine positive Fehlerkultur bedeutet im Recruiting dann eben auch einmal die Befürworter entscheiden zu lassen. „Im Zweifel für den Zweifel“, frei nach den Indie-Poppern Tocotronic, ist dann eben nicht nur ein guter Pop-Song, sondern auch immanenter Teil von Stärkenorientierung im Recruiting.

Mit einer stärkenorientierten Haltung im Recruiting bewegen wir uns außerdem auch in der Nähe des in der HR-Szene viel zitierten „Skill-Based Recruitings“, das im Blue-Collar-Bereich bereits Einzug hält und bald vielleicht auch für Akademiker-Jobs noch relevanter wird.

Definitionssache

Skill-Based Recruiting, das kompetenzbasiertes Recruiting, ist ein Ansatz in der Personalbeschaffung, bei dem die Fähigkeiten und Kompetenzen eines Bewerbers im Vordergrund stehen, anstatt der formalen Qualifikationen wie Abschlüsse oder Berufserfahrung. Damit sollen einerseits Bewerber mit nicht-linearen Karrieren oder solche, die sich autodidaktisch Kenntnisse angeeignet haben, bessere Chancen bekommen, andererseits ist das Skill-Based Recruiting so natürlich ein Mittel, um in Zeiten des Fachkräftemangels unentdeckte und unterbewertete Mitarbeiterpotentiale zu heben. Außerdem hilft diese Art des Recrutings, Diversity zu fördern, da die Herkunft eine geringere Rolle spielt.

Denn Skill-based Recruiting kann bislang eher unsichtbare Stärken nutzbar machen, sowohl im Mitarbeiterbestand, wie auch bei den Bewerbern. Profiteur kann zum Beispiel die Sekretärin oder der Hausmeister, aka Facility Manager, eines KMUs sein, die oder der sich eher autodidaktisch mit den IT- und Netzwerk-Themen des Kollegiums beschäftigte – auch weil es kein anderer machen wollte – und die nun aufgrund ihrer praktischen IT-Erfahrungen plötzlich anderswo genau die richtigen Personen für ein Digitalisierungsprojekt oder die Einführung von KI sein könnte. Der weitere Weg wird dann nicht mehr von einem Jobtitel, sondern von den praktischen Kompetenzen, Stärken und Talenten bestimmt.

4.5 Die Disziplin des klaren Denkens

Wenn ich in diesem Kapitel über „klares Denken" schreibe, meine ich eine vorurteilsfreie, reflektierte und achtsame Herangehensweise an Recruiting-Gespräche. Ich ziehe die Vokabel des klaren Denkens damit ganz bewusst dem Fachbegriff des Unconsciuos Bias vor, den wir damit vermeiden und verhindern wollen. Denn klares Denken hat einen positiven Aufforderungscharakter und der ist mir an dieser Stelle lieber, als eines der Buzz-Words der Populär-Psychologie.

Definitionssache
Unconscious Bias – oder auf Deutsch: unbewusste Voreingenommenheit – meint unbewusste Denkmuster oder Vorurteile, die als letztlich evolutionsbedingte Mechanismus des Gehirns dabei helfen, komplexe Informationen schnell zu verarbeiten. Dabei werden in unserem Kontext, dem Recruiting, Menschen und Situationen unterbewusst aufgrund von Erfahrungen und kulturellen Prägungen schnell, eventuell auch voreilig und mitunter fehlerhaft kategorisiert. Für alle, die sich eingehender mit dem Thema beschäftigen möchten, gibt es ein tolles Tool im Netz: „The Cognitive Bias Codex".[65]

Klares Denken im Recruiting steht für mich für die Sensibilität sich der eigenen – und durchaus menschlichen – Voreingenommenheit bei der Einschätzung und Bewertung von Bewerbern bewusst zu werden, wie auch dafür diese Voreingenommenheit durch eine reflektierte Haltung und geeignete Maßnahmen entlang des Recruiting-Prozesses einzuhegen. Denn gerade im Recruiting sind bewusste

65 Vgl. www.upload.wikimedia.org/wikipedia/commons/6/65/Cognitive_bias_codex_en.svg; abgerufen im Februar 2025

oder unbewusste Vorbehalte, Vorurteile und stereotype Denkmuster, die eben gemeinhin als Unconscious Bias(es) zusammengefasst werden, leider omnipräsent. Dieses Kapitel zum klaren Denken soll deshalb helfen, Recruiting-typische Stereotypisierungen zu vermeiden, um Bewerber mit professioneller Distanz objektiv zu beurteilen.

Die gute Nachricht aber gleich zu Beginn: Viele unbewusste Vorurteile, und wir alle haben welche, kann man als solche entlarven und so auch weitgehend vermeiden lernen. Dies gelingt, indem wir wiederkehrende und typische Fälle von Voreingenommenheit zunächst überhaupt als solche erkennen, um dann alle am Prozess beteiligten hierfür zu sensibilisieren.

Allzu oft überlagert in Recruiting-Gesprächen jedoch die subjektive und von positiven wie negativen Stereotypen durchsetzte Sympathie oder Antipathie das Urteil von Recruitern. Insbesondere, wenn man sich so schön dahintragen lässt von einem irgendwie als angenehmen empfundenen Miteinander, was dann später leicht diffus und pauschal als „echt gutes Gespräch" erinnert wird, ohne sich der mentalen Abkürzungen bewusst geworden zu sein, die das Recruiter-Hirn mal wieder genommen hat. Auf einige der häufigsten dieser mentalen Abkürzungen im Recruiting-Gespräch möchte ich deshalb hinweisen und skizzieren, wie man ihnen Herr werden kann.

Vorweg gereicht sei aber auch noch einmal, dass wir hier explizit nicht über die Diskriminierung von Bewerbern durch die Ungleichbehandlung aufgrund von Geschlecht, Hautfarbe, Ethnie, sexueller Orientierung oder einer religiösen Überzeugung sprechen. Recruiter, die in diesem Problemfeld noch an sich arbeiten müssen, gehören wohl aber auch nicht zur Zielgruppe dieses Buches.

Ein erster Denkfehler, den wir weiter oben schon indirekt beleuchtet haben und den ich in der Beraterpraxis aus leidvoller Empirie als Dauerproblem bestätigen kann, liegt darin, dass Entscheidungen in Recruiting-Gesprächen oftmals unbewusst innerhalb der ersten 5 bis 10 Minuten getroffen werden. Diese Übermacht des ersten Eindrucks sollte man unbedingt unter Kontrolle bringen. Vor allem, da sich hinter dem ersten Eindruck meistens „nur" die Sympathie – manchmal auch die Antipathie – und das, was man den Liking Bias[66] nennt, verbirgt. Da wir im Recruiting jedoch keinen Ehepartner oder einen Skat-Kumpel suchen, sondern eine Fach- oder Führungskraft, sind die Reaktionen der ersten Minuten als alleinige Gradmesser selten hilfreich. Der unvermeidlich subjektive erste Eindruck negiert im Recruiting-Gespräch dann oftmals viele formale, fachliche oder für die Organisation relevanten Leistungen und Potenziale einer Person. Und Menschen neigen sogar dazu, im Lichte eines starken ersten Eindrucks spä-

66 Vgl. Seite 89ff Dobelli, R.. Die Kunst des klaren Denkens, erschienen im Hanser Verlag (2011)

ter gewonnene Informationen sogar noch einmal unterzugewichten, zu depriorisieren oder sogar umzuinterpretieren.[67] Wir haben es im dümmsten Fall also gleich mit zwei Effekten der Fehldeutung zu tun. So verzerrt dann vielleicht nicht nur die Auf- oder Abwertung des ersten Eindrucks, sondern auch die Auf- oder Abwertung des zweiten und dritten unsere Erkenntnis. Hier hilft erneut und eben auch im Recruiting durchaus mal ein mutiges „im Zweifel für den Zweifel"! Oder etwas praktikabler: ein Zweitgespräch. Aussagen wie „Das hab ich mir gleich gedacht, als der reinkam" oder „Nach dem Patzer am Anfang, war der eh nicht mehr zu retten" sollten dann auch weniger als schnelles, blitzgescheites Urteil, sondern vielmehr als verlässliches Warnsignal für einen Unconscious Bias erkannt werden, das uns daran erinnert, die finale Bewertung mit Fakten und einem Protokoll zu untermauern.

Und da es in Zeiten von Fachkräftemangel und Bewerbermärkten wohl häufiger vorkommen wird, dass man seine „Nummer 1" nicht bekommt, ist ein unvoreingenommener Blick – oder eben klares Denken – auf die gute „Nummer 2" wohl wichtiger denn je, auch um einen weiteren Denkfehler zu vermeiden: den Kontrasteffekt[68]. Der Kontrasteffekt benennt das Phänomen, das uns ein Eindruck derart blendet oder gar verblendet, dass wir nicht mehr in der Lage sind, objektiv und rational andere Eindrücke wahr zu nehmen beziehungsweise in unserem Fall andere Bewerber objektiv zu beurteilen. Recruiter finden dann mitunter, um eine Metapher zu bemühen, mit der ich manchmal meine Mandanten nerve, „den Porsche doof", weil es „der Ferrari nicht geworden ist". Dann wird nach der Absage des Wunschkandidaten der sehr gute zweite oder dritte unserer Auswahl leider auch gar nicht mehr weiter rekrutiert, geschweige denn eingestellt. Auch hier hilft es sehr mit etwas Abstand, mit guten Protokollen und aus einer Haltung der Stärkenorientierung heraus zu objektivieren, zu relativieren, um dann doch noch erfolgreich zu rekrutieren, anstatt sich nach der Absage des Wunschkandidaten beleidigt ins Schneckenhäuschen zurückzuziehen.

Eine weitere gedankliche Abkürzung, die wie die Macht des ersten Eindrucks oder der Kontrasteffekt gefährlich fehlleitet, resultiert aus der Herden-Evolution des Menschen als soziales Wesen. Ein „gleich und gleich gesellt sich gern" ist als Credo für die Personalauswahl jedoch leider weitgehend ungeeignet. Unbewusste – oder im Worst Case auch ausformulierte – Einstellungskriterien wie „sympathisch", „äußerlich attraktiv" oder „mit ähnlicher Herkunft", führen dazu, dass Recruiter letztlich die Organisationsziele und ihre persönlichen Vorlieben durcheinander-

---

67 Vgl. Schuler, H.: „Das Einstellungs-Interview" ab Seite 113

68 Vgl. Seite 41 ff Dobelli, R.: Die Kunst des klaren Denkens, Hanser Verlag (2011)

bringen. Dieser als Affinity Bias[69] bekannte Denkfehler führt in aller Regel zu bestenfalls noch zweitbesten Entscheidungen. Denn was in anderen Lebenslagen mitunter ein Heimatgefühl oder wohlige Zugehörigkeit produziert und auch in vielen Teams das vordergründig harmonische Miteinander fördert, ist im globalen Wettbewerb nicht immer der Weisheit letzter Schluss und vor allem auch ein Diversity-Killer. Wobei ich hier nicht falsch verstanden werden möchte: niemand soll Menschen rekrutieren, die vollkommen aus dem Rahmen fallen, ganz eindeutig nicht ins Team passen oder komplette Unsympathen sind. Aber mithilfe einer guten Vor- und Nachbereitung und im Bewusstsein um die Nachteile stereotypen Denkens, findet man in der Regel auch unter den drei bis fünf „netten" und „guten" Bewerbern solche, die trotzdem als andersartige, inspirierende und vielleicht sogar ein Stück weit non-konforme Typen das Unternehmen bereichern und neue Impulse geben können.

Und damit kommen wir zu einem weiteren Phänomen im Recruiting, dem „Horn Effekts" als negativer Pol des mit ihm verwandten Halo-Effektes[70], bei dem ein negatives Merkmal die Bewertung aller anderen Merkmale ebenfalls negativ „färbt", auch wenn die anderen Eigenschaften eigentlich unabhängig sind. Ein Denkmuster, bei dem Recruiter dann meist von einem einzigen Eindruck, es muss nicht der erste sein, überproportional auf ein Gesamtbild folgern. Der Horns Effekt ist auch als „Ankereffekt" bekannt. Diese Falle schnappt in Recruiting-Gesprächen gerne zu, wenn zum Beispiel eine unbedachte Bemerkung auf die Goldwaage gelegt wird, die dann alle anderen Aspekte und Eindrücke überschattet. Ich erlebe das insbesondere dann, wenn in meinen Recruiting-Runden besonders meinungsstarke Einzelpersonen das Zepter übernehmen. Häufig wird deren „Todesurteil" über einen Kandidaten von den anderen Recruitern dann sogar im vorauseilenden Gehorsam übernommen, was dann den Worst Case darstellt.

Der oben bereits erwähnte „Halo-Effekt" wiederum beschreibt das Gegenteil. Er funktioniert ganz ähnlich dem Liking Bias und tritt im Recruiting auf, wenn ein Eindruck – es muss auch hier nicht der erste sein – derart blendet, dass ein objektives Gesamturteil kaum mehr möglich ist. Am offensichtlichsten treten solche Halo's, Heiligenscheine oder Strahlenkränze, in Form von Äußerlichkeiten auf – Stichwort: Kleider machen Leute. Nicht nur in meiner Branche leiten aber zum Beispiel auch andere und ebenfalls mitunter banale Eindrücke zu überhöhten Rückschlüssen, wie etwa der vermeintlich zur Allwissenheit beflügelnde Abschluss an einer Privatuni oder geheimnisvoll und überlegen vorgetragener Bera-

69 Vgl. ab Seite 3 Domsch, M. E., Ladwig, D. H., & Weber, F. C.: *Vorurteile im Arbeitsleben: Unconscious Bias erkennen, vermeiden und abbauen*. Springer Gabler (2019).

70 Vgl. Seite 157 ff Dobelli, R.: Die Kunst des klaren Denkens, erschienen im Hanser Verlag (2011)

ter-Sprech – gern mit Anglizismen geschmückt – oder auch die eineinhalb Jahre im CV, die einer als sogenannter „Founder" verbracht habe, der dann noch als CEO deklariert wird und vergessen macht, dass das dem zugrunde liegende Start Up eigentlich nie wirklich Umsatz gemacht hat.

Eine weitere weit verbreitete, weil sehr menschliche, Fehldeutung im Recruiting-Gespräch ist zudem der „Confirmation Bias"[71]. Erliegt man ihm im Recruiting-Gespräch, führt das meist dazu, dass Personalverantwortliche unbewusst und hartnäckig nach Informationen suchen, die ihre ganz eigenen Annahmen, oder eher Vorurteile, über einen Kandidaten explizit bestätigen. Das geschieht zum Beispiel ebenfalls wenn Äußerlichkeiten zu sehr leiten und Recruiter aufgrund des ungebügelten Hemdes gnadenlos ebenso „knittrige" Sekundärtugenden attestieren. Das soll jetzt kein Plädoyer für ungebügelte Hemden im Recruiting-Gespräch sein, mitunter „menschelt" es aber doch sehr in Assessments, wenn man diese nicht sauber strukturiert und nachbereitet. Wie bei den Äußerlichkeiten schnappt der Confirmation Bias im Recruiting-Gespräch eigentlich immer dann zu, wenn wir uns von unseren negativen Grundannahmen leiten lassen, also auch unbemerkt von Schwäche zu Schwäche fragen und geradezu danach gieren, die nächste bloßzustellen, auch um unsere niederen Annahmen vom Beginn des Gesprächs bestätigt zu sehen. Ein Gegenmittel auch hier: Stärkenorientierung – zum Beispiel mit unserem Stärkenprotokoll. Den Confirmation Bias sollte man also immer dann selbstkritisch ertappen und bekämpfen, wenn wir uns in einen Tunnel aus „hab ich's mir doch gleich gedacht" oder „war ja eh klar" begeben.

Ein weiteres Phänomen, das man „Affektheuristik"[72] nennt, tritt im Recruiting auf, wenn Entscheidungen überwiegend aufgrund einer emotionalen Reaktion, also eines Affekts, getroffen werden, statt aufgrund eines nüchternen und analytischen Abwägens. Oftmals geht der Affekt des Recruiters auf dessen ganz individuelle Befindlichkeiten und sogar auf dessen Biographie zurück. Aus dem Affekt, ausgelöst durch Kleinigkeiten und getriggert durch emotionale Befindlichkeiten, folgen dann oftmals unverrückbare, weil sehr emotionale, Entscheidungen, die eine fachliche Eignung dann manchmal gar nicht mehr berücksichtigen. Mal ist es die vermeintliche Kränkung durch versehentliches Duzen, mal ein Kommentar oder eine Frage zum Unternehmen oder dem Job, die die rekrutierende Führungskraft als Kritik an sich versteht, und manchmal ist es auch nur der versehentliche Schulterklopfer beim Verabschieden, der als übergriffig gegenüber der eigenen Autorität gewertet wird. Aus der Mücke wird dann der Elefant

71 Vgl. ab Seite 28 Dobelli, R.: Die Kunst des klaren Denkens, Hanser Verlag (2011)

72 Vgl. *Dorsch – Lexikon der Psychologie (20. Auflage). Hogrefe (2021)*

und das letztlich, weil beim Recruiter ein emotionaler Triggerpunkt getroffen wurde, der dann zur Affekthandlung beziehungsweise dem Affekturteil führt. Auch dieses Denkmuster bzw. dieser Denkfehler ist ein Grund dafür, nicht eine Person allein entscheiden zu lassen. Dies dem Geschäftsführer zu vermitteln, kann zwar anspruchsvoll sein, aber im besten Falle sind Einstellungen eben Konsensentscheidungen als Endergebnis einer Objektivierung und nicht als Ergebnis eines Impulses einzelner.

Im sozialen Gefüge, die eine Recruiting-Runde und eine Recruiting-Entscheidung nun mal ist, gibt es noch weitere unbewusste Vorurteile, Abkürzen und Denkfehler wie das „Groupthinking" oder den „Social Proof"[73], die beide gewissermaßen den Herdentrieb und Gruppendruck beschreiben und die wir uns etwas genauer anschauen sollten, insbesondere wenn Recruiter verschiedener Hierarchieebenen am Werk sind. Denn Recruiter tendieren wie alle Menschen dazu, sich eher der Mehrheit und damit der Mehrheitsmeinung anzuschließen – sei es aufgrund eines offenen oder latenten Gruppendrucks oder weil die Gruppenentscheidung sich eher „am Chef" orientiert und deshalb die oftmals durchaus vielstimmige Gruppenmeinung erst gar keiner Objektivierung unterzogen wird. Also Vorsicht auch bei zu viel Konsens! Wie man auch hier entgegenwirken kann, haben wir bereits erörtert: durch Protokolle, durch Mehrheitsentscheide oder auch indem wir Anstellungsentscheidungen im direkten Nachgang zu Recruiting-Gesprächen vermeiden. Um Gruppendruck nicht zu viel Raum zu geben, kann es zudem hilfreich sein, ein Feedback zu einem Kandidaten auch mal anonym zu sammeln. Das ist sicher nichts für den alltäglichen Einsatz, wenn es aber wichtig oder kontrovers ist oder die Entscheidungsfindung etwas zu einhellig daherkommt, ist dieses Vorgehen durchaus zielführend.

Und auf die Gefahr hin, die Daseinsberechtigung dieses Buches teilweise zu negieren: Niemand sollte glauben, in einem Recruiting-Prozess einhundert Prozent der Fachlichkeit, der Persönlichkeit und der Talente eines Kandidaten lückenlos objektiv und ohne jeden menschlichen Makel in der Analyse ergründen zu können. Am Ende zeigt die Zusammenarbeit wie gut das Recruiting wirklich war. Idealerweise stellt sich die Qualität der Recruiting-Entscheidung binnen der ersten einhundert Tage heraus, sodass beide Seiten von ihrer Kündigungsfrist Gebrauch machen können, ohne das Gesicht zu verlieren – denn auch das ist kein Beinbrunch. Der „Zero Risk Bias"[74] als die Null-Risiko Illusion darüber Entscheidungen immer richtig und ohne das Risiko eines Fehlers fällen zu können, führt im Recruiting jedoch nicht selten zu der Tendenz sich in Endlosschleifen zu erge-

73 Vgl. ab S. 16 und S. 101 Dobelli, R.: Die Kunst des klaren Denkens, Hanser Verlag (2011)

74 Vgl. S. 109 ff Dobelli, R.: Die Kunst des klaren Denkens, Hanser Verlag (2011)

hen und sich „zu Tode zu rekrutieren". Wenn ein Kandidat also nach drei persönlichen Gesprächen nicht grundsätzlich „drin" oder „draußen" ist, wird er auch in weiteren drei Runden nix neues ausspucken. Die Null-Risiko-Illusion im Recruiting kostet hingegen nicht nur viel Zeit und Geld, sie verhindert auch oftmals die Anstellung von Top-Kandidaten, bei denen Geschwindigkeit und Entscheidungsfreude gefragt sind.

Und wenn wir über Entscheidungsfreude sprechen, noch ein Tipp, den ich auch bei Verhandlungen empfehle: wenn ein Gespräch ins Stocken gerät, neigen nicht nur Verhandler, sondern eben auch viele Recruiter zu Übersprungshandlungen, um keine unangenehme Stille entstehen zu lassen. Das dann unüberlegte Losplappern als Resultat des sogenannten Action Bias[75], sollte man im Recruiting-Gespräch geduldig wartend aber unbedingt dem Bewerber überlassen. Denn einerseits tut es keine Not, sich hier improvisierend zu offenbaren, andererseits kann im Recruiting-Gespräch durchaus Neues und Interessantes zu Tage treten, wenn wir dem Bewerber es überlassen, die Stille zu brechen und etwas Unvorbereitetes zu sagen. Es gilt also: einfach mal die Klappe halten und den Kandidaten kommen lassen. Nur sollte man einem Bewerber dann auch zugestehen etwas Improvisiertes und eben auch mal Unbeholfenes sagen zu dürfen, ohne dass wir das auf die Goldwaage legen oder wie in einer Vertragsverhandlung ausnutzen, um daraus Stricke zu drehen. Impulsiv aktiv zu werden, ist bei Verhandlungen und auch im Recruiting also nicht immer die beste Lösung, zumindest für den Recruiter. Abwarten bringt hingegen Übersicht und reflektierte Kontrolle.

Solche und andere Stereotype Denkfehler, Abkürzungen und unbewusste Vorbehalte im Recruiting-Gespräch zu identifizieren und zu akzeptieren, ist bereits die halbe Miete für ein effektiveres Recruiting.

Und klares Denken wider den mentalen Abkürzungen kann man mit wenig Aufwand in Leitfäden verankern. Um den Unconscious Bias im Recruiting-Gespräch dann zu vermeiden, helfen zusammengefasst folgende Schritte:

- **Akzeptieren**, das wir alle viele Spielarten des Unconscious Bias in uns tragen
- Die häufigsten Denkfehler **identifizieren** und alle Rekrutierenden für diese **sensibilisieren**, ohne Schuldzuweisungen zu machen
- **Reflektieren**, wie wir ein unvoreingenommeneres Denken und Handeln implementieren können im Recruiting, zum Beispiel über **Leitfäden** und über **Protokolle**
- Unconscious Bias reduzieren über **Schulungen** und eine **offene Kultur, die Fehler erlaubt** und einen konstruktiv-kollegialen Dialog fördert

75 Vgl. *Dorsch – Lexikon der Psychologie (20. Auflage). Hogrefe (2021)*

Denn ganz wichtig ist die Erkenntnis, dass Unconscious Bias im Recruiting keine Charakterschwäche ist!

Kommen wir also ergänzt um dieses Grundlagenwissen zu mentalen Abkürzungen, die uns eben auch im Recruiting-Gespräch betreffen, zu den Fragtechniken und -kategorien, die uns helfen sollen, all das zu aktivieren und frei zu legen, was wir in diesem Buch bis hierher vorbereitet haben.

Take Aways dieses Kapitels für die Pinnwand:

- ☐ Vorstellungsgespräche alter Schule, in denen aussortiert wird, sind ineffizient. Sie verhindern die besten Kandidaten kennenzulernen. Es gilt mehr denn je die Frage: „wer bewirbt sich hier eigentlich bei wem?"
- ☐ Nur ein authentischer Dialog auf Augenhöhe fördert reflektierte Informationen zu Tage, auf deren Basis sich sehr gute Personalentscheidungen treffen lassen. Tribunal-artige Vorstellungsgespräche und sogenannte Interviews liefern dieses Ergebnis selten.
- ☐ Im Mittelpunkt einer Arbeitgebermarke sollte das Nutzenversprechen für den Mitarbeiter stehen. Voraussetzung für eine wirksame Positionierung ist eine handwerkliche und datenbasierte Markenarbeit, um von deskriptiven Eigenschaften zu echtem Nutzen zu gelangen. Ein Kreativprozess hingegen, mit dem „Wünsch-Dir-Was" der GF führt nicht zu einer Positionierung, die authentisch und abgrenzend ist.
- ☐ Wertschätzung und Stärkenorientierung sind die Eckpfeiler eines zeitgemäßen Recruitings. Wertschätzung zeigt sich in der Organisation unserer Prozesse und in unserer Haltung. Wer Wertschätzung in jedem Gespräch lebt, gewinnt engagierte Kandidaten und fördert langfristige Arbeitsbeziehungen. Stärkenorientierung schafft positive Emotionen, belastbare Beziehungen und Effizienz im Recruiting. Denn die Führung von Menschen entlang ihrer Stärken und Talente steigert die Produktivität, das Engagement und positives Verhalten für und in der Unternehmung. Es gilt: „build what's strong", statt „fix what's wrong".
- ☐ Unconscious Bias und Recruiting sind eine unheilvolle Allianz. Klares Denken wider dem Bias kann man jedoch trainieren. Es gilt: Akzeptieren, Identifizieren, Sensibilisieren, Reflektieren, Reduzieren. Klares Denken hilft zweitbeste Entscheidungen im Recruiting zu vermeiden, fair und wertschätzend zu rekrutieren und mehr Diversität im Kollegium zu schaffen.

5 Besser fragen mit besseren Fragen

5.1 Die Antwort kann nur so gut wie die Frage sein

Da wir nun besser verstehen, was Bewerber heutzutage wollen und nachdem wir unsere Gespräche zeitgemäß organisiert, wie auch unsere Haltung als Recruiter neu justiert haben, schauen wir uns an, wie wir besser fragen, um bessere Antworten zu bekommen für einen größeren Erkenntnisgewinn. Denn schon Goethe wusste, oder zumindest wird auch ihm dieses Zitat zugeschrieben: „Wenn du eine weise Antwort verlangst, musst du vernünftig fragen." Das trifft es meines Erachtens noch besser als der Anspruch über Fragen führen zu wollen, denn das wollen wir ja nur bedingt.

Goethe jedenfalls hat mit seiner Erkenntnis für unsere Zeit und sogar für den vermeintlichen Segen der KI vorausgedacht. Die Qualität des Inputs bestimmt maßgeblich die des Outputs. Oder vice versa und weniger elegant: „Shit in, Shit out“. Das gilt für ChatGPT und andere KI-Helferlein wie auch für die Gespräche im Recruiting. Die Qualität der Recruiter-Fragen beeinflusst maßgeblich die Qualität des Kennenlernens und inwiefern es gelingt in Themen tiefer einzusteigen und ein authentisches Gespräch auf Augenhöhe anzustoßen.

Bei den dann hoffentlich besseren Antworten als Ergebnis besseren Fragens[76], geht es aber nicht um den fachlichen oder intellektuellen Tiefgang einer Antwort, sondern eher um den Reflexionsgrad, der fürs Kennenlernen und Verstehen im Recruiting-Gespräch wichtiger ist als nobelpreisverdächtige Schläue.

Reflexion und Selbstreflexion sind die Grundvoraussetzung für den Zugang zu einer Person. Dies hat auch die Beststeller-Autorin Stefanie Stahl in ihrem Bestseller „Das Kind in dir muss Heimat finden“ recht treffend wie folgt auf den Punkt gebracht: „Der reflektierte Mensch hat einen guten Zugang zu seinen inneren Motiven, Gefühlen und Gedanken und kann diese in einen psychologischen Zusammenhang zu seinen Taten bringen.“[77] Und da wir in unserem Fall, den Recruiting-Gesprächen, ja meistens alles abseits der Motive, Gedanken und Gefühle schon im CV nachlesen können, hat das Ergründen der Selbstreflexion eines Bewerbers als Türöffner zu eben diesen inneren Motiven, Gefühlen und Gedanken im Recruiting eine zentrale Bedeutung.

Besseres Fragen im Recruiting soll also vor allem die Selbstreflexion fördern und dazu anregen, dass Bewerber etwas von sich Preis zu geben, das nicht aus

---

76 Vgl. Braun, K.: „Wer fragt, der führt“, Fischer Consulting (2020) für mehr Tipps und Tricks zu Fragetechniken, z.B. für Verkaufssituationen, Verhandlungen oder Vorträge.
77 Vgl. S. 29 bei Stahl, S.: Das Kind in die muss Heimat finden, Kailash Verlag (2015)

 | https://doi.org/10.1515/9783112230541-005

dem Archiv der vorbereiteten, wohl temperiert eingeübten „Vorstellungsgespräch-Antworten" kommt. Und dazu brauch es eben mehr als die immergleichen Interviewfragen.

5.2 Offene Fragen

Beginnen wir mit einem Klassiker – und einer Binse: der Schlüssel zu einem Gespräch, das mehr als „Ja-Nein-Vielleicht-Antworten" liefert, sind die sogenannten offenen Fragen. Dies gilt auch und gerade im Recruiting.

Definitionssache
Offene Fragen sind die sogenannten W-Fragen, also Fragen die mit was, wer, wo, wann, wie, warum beginnen. Offene Fragen lassen deshalb ein breites Spektrum an Antworten zu. Bei geschlossenen Fragen hingegen sind die Antwortmöglichkeiten vorgegeben, zum Beispiel mit „ja" oder „nein". Ebenso können bei geschlossenen Fragen die Antwortmöglichkeiten durch die Frage selbst oder durch die Nennung der zur Auswahl stehenden Antworten in der Frage vordefiniert sein. Mitunter sind solche Fragen dann „halboffen", man gibt also die Antwort vor und die Möglichkeit, zwischen verschiedenen Antwortmöglichkeiten zu wählen oder die eigene Meinung zu ergänzen.

Nur offene Fragen regen den Antwortgeber zu vollständigen Antwortsätzen an. Und das ist ja schon mal was in einer Welt von Emojis und der Selbstreglementierung auf 140 bis 280 Zeichen in den sozialen Medien.

Offene Fragen ermöglichen einen echten Dialog, da sie den Befragten, beziehungsweise in unserem Fall den Kandidaten oder Bewerber, Freiraum geben, eigene Gedanken darzulegen, statt nur einsilbig etwas zu bejahen oder zu verneinen. Das klingt banal, ist aber eine wichtige Erkenntnis, die jedem Fragenkatalog zugrunde liegen sollte. Wer einen solchen schon hat – gegoogelt oder eigens kuratiert – wird ohnehin bemerken, dass sogenannte Personalerfragen immer auch offene Fragen sind – aber dazu etwas weiter unten noch mehr.

Nicht nur im Recruiting, auch in der Führung sind offene Fragen außerdem der Beleg für das echte Interesse an einer Person und ihrer Sichtweisen und damit eine Grundvoraussetzung für das Entstehen positiver Beziehungen.

Als Gegenentwurf sind leider gerade in Recruiting-Gesprächen sogenannte selbstbestätigende Fragen oder Suggestivfragen unrühmlich verbreitet, die meist vor allem gestellt werden, um das Ego des Recuiters zu streicheln. Diese Fragen lauten dann etwa: „Uns ist die Arbeit im Team sehr wichtig, wie stehen sie denn dazu?" oder „Bei uns schaut keiner dauernd auf die Uhr, wir arbeiten auch mal bisschen mehr, wie handhaben Sie das?" Das sind zwar offene oder halboffene Fragen, weshalb sie hier explizit Erwähnung finden, sie sind aber bitte trotzdem zu unterlassen. Denn aus ihnen resultierendes sozial erwünschtes Gerede vom „Teamplayer, der man schon immer gewesen sei“ oder von der „Bereitschaft zur Extrameile“ bringen keinen weiter und kosten nur unnötig Zeit. Das sei als Sonder- und Sündenfall offener Fragen doch noch ergänzt.

5.3 Zurück in die Zukunft

Nachdem hier bereits Goethe zitiert wurde, darf ein weiterer kluger Kopf in der Zitatsammlung nicht fehlen: Albert Einstein. Wobei auch ihm folgendes Zitat eher zugeschrieben wird, als dass es ihm zweifelsfrei zugeordnet werden kann: „Mehr als die Vergangenheit interessiert mich die Zukunft, denn in ihr gedenke ich zu leben.“

Und da weiter vorne in diesem Buch das „CV-Vorlesen“ als eines der Probleme traditioneller Vorstellungsgespräche bereits markiert wurde, passt dieses Zitat ganz wunderbar, um uns für eine weitere Veränderung unserer Recruiting-Haltung und unseres Fragens zu sensibilisieren. Nämlich dafür, in einem Recruiting-Gespräch viel mehr und konsequenter die gemeinsame Zukunft zu thematisierten und diese in den Mittelpunkt zu rücken, als ständig die Vergangenheit zu filetieren – auch da diese ja eigentlich schon in Form des CV's, sowie über Zeugnisse, Referenzen und ausladende Anschreiben beschrieben ist.

Dass in der gängigen Praxis allseits episch rekapituliert wird, ist jedenfalls einer der Hauptgründe für die Ineffizienz von Vorstellungsgesprächen alter Schule. Auch wenn das CV-Vorlesen eine sehr bequeme Art ist, ein Vorstellungsgespräch zu führen. Bequem ist aber nicht das, was uns weiterbringt.

Den Werdegang und die Lebens- und Berufserfahrung zu verstehen, bleibt natürlich durchaus ein sehr wichtiger Aspekt in einem Recruiting-Prozess, das steht außer Frage, ich möchte aber eben dazu ermutigen, dass die Vergangenheit nicht mehr den Schwerpunkt eines Assessments ausmacht und vor allem in den Gesprächen ausladend analysiert wird. Denn den CV, Zeugnisse und Referenzen kann man im Vorfeld hinterfragen. Dazu gilt es Prozesse zu etablieren, in denen alle Teilnehmer eines Recruiting-Gesprächs frühzeitig und vollständig die Unterlagen bekommen und verbindlich sichten und man darüber hinaus auch im Vorfeld bereits Fragen sammelt. Dieser vermeintliche Mehraufwand ist ein geringer, gegenüber dem Effizienzverlust, der mit dem epischen Vorlesen des CV's einhergeht.

Über die Zukunft zu sprechen, ist zudem lösungsorientiert und richtet den Fokus auf gemeinsame Ziele, statt auf Probleme. Gespräche über die Jobspezifischen Herausforderungen der Zukunft schaffen so bereits oftmals gemeinsame Ansätze für deren Lösung. Und bei Führungskräften ist es ohnehin zumutbar, erste Ideen der Zusammenarbeit frühzeitig abzufragen und zu debattieren, statt sich die ach so glorreichen Vita erneut runter beten zu lassen. Auch schon deshalb, weil in einer Arbeitswelt ständiger Veränderungen das Gestrige, und ganz sicher das Vorgestrige, zunehmend an Bedeutung verliert.

5.4 Berühmt-berüchtigte Personalerfragen

Mit Personalerfragen sind im Personaler-Jargon die allseits bekannten und immer wieder eingesetzten Klassiker der Fragen in Recruiting-Gesprächen gemeint – wohl oder übel auch die eingangs mit dem Tier.

Die gängigsten Personalerfragen halten sich dann auch standhaft und meist in Form von Listen im Repertoire vieler Recruiter. Auch weil diese Standardfragen doch ganz gut dabei helfen, ein Gespräch zu strukturieren und einen Bewerber entlang verschiedener Themenkomplexe zu befragen.

Das klingt erst mal unverdächtig. Da jedoch jeder Bewerber die Top Ten oder Top Einhundert Personalerfragen auswendig kennt und meist auch vorbereitet und schon dutzende Mal beantwortet hat, führt der stereotype Einsatz dieser Fragen leider selten zu einem guten Gespräch, geschweige denn zu einem echten Kennenlernen. Die Evergreens der Personalerfragen kennt dann auch sicher jeder Leser:

- „Warum möchten Sie bei uns arbeiten?“
- „Warum haben Sie sich gerade für diese Position beworben?“
- „Welche Stärken bringen Sie mit?“
- „Was sind Ihre Schwächen?“
- „Welche drei Adjektive beschreiben Sie am besten?“
- „Wo sehen Sie sich in fünf Jahren?“
- „Können Sie ein Beispiel für eine Herausforderung nennen, die Sie gemeistert haben?“
- „Wie gehen Sie mit Stress oder hoher Arbeitsbelastung um?“
- „Wie gehen Sie mit Konflikten um?“
- „Was war Ihr größter beruflicher Erfolg?“
- „Wie und woran messen Sie ihren Erfolg?“
- „Können Sie eine Situation beschreiben, in der Sie die Initiative ergriffen haben?“
- „Wie priorisieren Sie Ihre Aufgaben, wenn mehrere Deadlines anstehen?“
- ...

Dieses kleine Potpourri zeigt bereits, dass Personalerfragen in der Regel Stärken- und Schwächen-Fragen sind oder solche, die im weitesten Sinne nach Erfolgen, der Motivation und persönlichen Zielen oder auch dem Umgang mit Herausforderungen forschen. Und das ist auch gut so.

Mir geht es beim Diskurs über die Kategorie der Personalerfragen deshalb auch vor allem darum, aufzuzeigen, dass es gar nicht auf die einzelne Frage ankommt, sondern vielmehr deren stereotyper und immer gleicher Einsatz hinterfragt werden sollte.

Anstatt einen Fragenkatalog mit einer Liste von Personalerfragen mit sich zu führen, sollte ein moderner Recruiter in Recruiting-Gesprächen lieber sehr wenige Fragen Kontext-bezogen zu ebenso wenigen Themen stellen, die aus einer guten Vorbereitung resultieren, und dann nur die Themenkomplexe adressieren, die in dem nächsten anstehenden Gespräch zu klären sind. In der gängigen Praxis werden Personalerfragen hingegen meist sinn- und kontextfrei aneinandergereiht. Dieses Verfahren produziert nur leider genauso mechanisch aneinandergereihte und meist wohlfeil eingeübte Antworten. Im schlimmsten und häufigsten Fall folgt dann auf jede Frage auch exakt eine Antwort – Nachfragen, Vertiefen, Hinterfragen unterbleibt dann.

Es gilt also: Egal, welche Personalerfragen man im Gepäck haben mag – solange man sie gezielt einsetzt, um die wenigen für uns wichtigen Fragestellungen zu ergründen sind es erst mal die richtigen. Hat man jedoch immer pauschal zehn oder fünfzehn Fragen dabei, die man der Reihe nach abarbeitet, verbleiben wir im Status quo der Recruiting-Tristesse und fernab eines echten Gesprächs.

Sehr hilfreich auf dem Weg zu einem reflektierten Gespräch, kann auch ein Blick in die Welt des Coachings sein. Denn Coaching hat per se das Ziel einen Coachee über gute Fragen zur Selbstreflexion anzuhalten. Und das erreicht man im Coaching – wie auch im Recruiting – nicht nur über ein aktivierendes und professionelles Umfeld, sondern eben vor allem auch über gute Fragen und Fragetechniken. Fragetechniken, die wir uns für das Recruiting-Gespräch aus dem Coaching leihen können.

5.5 Transfers aus dem Coaching

5.5.1 Coaching als Anleitung zur Selbstreflexion

Coaching oder systemisches Coaching genießt heutzutage zwar mitunter einen eher ambivalenten Ruf, da es in der VUCA-Welt zwar boomt, aufgrund der inflationär zunehmenden Zahl seiner Protagonisten aber auch den Eindruck erweckt, das zu sein, was im Falle eines Karriereknicks vor dreißig Jahren der Abzweig in die Gastronomie, vor zwanzig Jahren die Berufsangabe „Schmuck-Designer*in“ und heute die des „Influencers“ ist.

Coaching ist jedoch als Disziplin und Technik, gerade für das Recruiting, ein hilfreicher Sparringspartner für Fragetechniken einerseits und die Haltung als Recruiter andererseits. Denn ein Coach, wie ein guter Recruiter fragt, statt zu monologisieren, gestaltet einen Prozess, statt zu beraten und produziert belastbare eigene Ergebnisse beim Coachee statt belehrend die vermeintliche Weltweisheit des Coaches zu verbreiten.

Coaching unterscheidet sich damit auch ganz explizit von der Beratung, dem Training, Mentoring und von der Therapie. Und um für das Recruiting vom Coaching zu lernen, sollte man diese Unterschiede kennen.

- **Coaching** oder systemisches Coaching adressiert persönliche oder berufliche Ziele und ist damit vor allem auf die Zukunft gerichtet. Coaching bereitet auf Neues vor oder hilft bei der Bewältigung schwieriger Situationen und Entscheidungen. Coaches unterstützen dabei, eigene Potentiale und einen Plan zur Zielerreichung zu erstellen. Der Coach stellt Fragen, reformuliert dosiert, gibt nur punktuell Feedback und bietet Unterstützung bei der Selbstreflexion für eine eigenständige Lösung.
- **Beratung** hingegen ist die Bereitstellung von Fachwissen, Rat und Lösungen. Ein Berater analysiert Situationen, identifiziert Herausforderungen und bietet Empfehlungen für deren Bewältigung. Im Gegensatz zum Coaching liegt der Schwerpunkt auf der Anleitung oder Lösung von Problemen durch den Berater. Diesen Ansatz benötigen wir im Recruiting kaum.
- **Mentoring** beschreibt den Austausch, oft aber auch eine Beziehung, in der ein erfahrener Mentor Wissen, Erfahrungen oder ein Netzwerk, mit einem weniger erfahrenen Mentee teilt. Das ist im Recruiting nur punktuell geboten und gehört ins Onboarding und in die Führungsarbeit.
- **Training**, wie wir es auch aus dem Sport kennen, meint die Vermittlung von Fertigkeiten, Wissen oder Verhaltensweisen. Ziel des Trainings ist, Kompetenzen zu erwerben oder zu verbessern. Im Gegensatz zum Coaching und zum Mentoring ist Training mit einem Lehr- oder Trainingsplan verbunden und häufig auf Gruppen ausgerichtet. Wie beim Mentoring, gibt es kaum Parallelen vom Training zum Recruiting.
- **Therapie** ist ein Prozess, um psychologische oder emotionale Probleme und Krankheiten zu erkennen, zu verstehen und vor allem zu behandeln. Therapie richtet sich also auf die psychische und physische Gesundheit und therapeutisches hat verständlicherweise im Recruiting nichts zu suchen, wie übrigens auch im Coaching – ein guter Coach bricht ab und übergibt an Profis – Ärzte – wenn er merkt, dass eine Therapie nötig ist.

Coaches gestalten und unterstützen also einen Gesprächsprozess wie Recruiter dies auch tun sollten. Deshalb ist es übrigens auch hilfreich, wenn ein Coach durchaus fachfremd zum Metier des Coachees ist, also gar nicht in die Versuchung kommt zu beraten. Das ist dann wohl aber auch ein nennenswerter Unterschied zum Recruiting, wo es doch hilft, wenn man fachlich einigermaßen im Thema ist, um ein Recruiting-Gespräch führen zu können.

Coaches arbeiten vor allem auf das Ziel hin beim Coachee eine innere Selbstorganisation und -veränderung anzuregen und unterstützen damit den Weg zu eigenen Lösungen und Potenzialen. Und genau das wollen wir auch in einem guten Recruiting-Gespräch erreichen! Der Recruiter sollte zur Reflexion anregende Fragen stellen, aus denen sich dann eigenständige Sichtweisen, Antworten und Lösungen ergeben, anstatt zu monologisieren oder den Bewerbern Dinge in den Mund zu legen.

Und da der Zusatz des *systemischen* beim Coaching auch für das Recruiting sinnvolle Ableitungen anbietet, noch ein paar Worte zur Bedeutung dieser Besonderheit: systemisch, nicht zu verwechseln mit systematisch, meint, dass alles zusammenhängt und sich alle „Systeme“ – sowohl die inneren psychischen, wie auch die äußeren sozialen – bedingen. Oft kann man im Coaching entsprechend auch durch eine Veränderung kleiner „Systeme“, kleiner Herausforderungen oder Barrieren, größere Herausforderungen handhabbar machen. Dies ist eine der großen Stärken und kleinen Wunder, die systemisches Coaching zu bieten hat. Und es ist übrigens auch die Logik des systemischen, die ein Beraten im Coaching weitgehend ausschließt, da von außen projizierte Ratschläge meist wenig anschlussfähig sind an die inneren Systeme des Coachees. Eine weitere Erkenntnis, die wir uns auch im Recruiting zu Eigen machen sollten, um ein Monologisieren, ein Antworten in den Mund legen oder generelles Schlaumeiern durch die Recruiter zu unterbinden.

Die Parallelen eines guten Coaches zu einem guten Recruiter basieren damit vor allem auf dem gemeinsamen Ziel beider Methoden oder Prozesse, den Coachee oder den Bewerber zu aktivieren und von ihm eigene, höchstselbst reflektierte und deshalb belastbare Aussagen und Ergebnisse zu erhalten. Und für das Aktivieren braucht es nicht nur das viel zitierte professionelle und zugewandte Umfeld, sondern auch eine besondere Haltung beim Coach und beim Recruiter. Die sogenannte Lean-Back-Haltung eines Coaches schauen wir uns deshalb im Folgenden genauer an.

5.5.2 Eine konstruktive Lean-Back-Haltung

Ein guter Recruiter sollte also wie ein guter Coach ein Prozessgestalter und -begleiter sein, der dem Bewerber den Raum und Rahmen gibt, sich zu öffnen. Und dafür braucht es auch eine gewisse Zurückhaltung oder konstruktive Lean-

Back-Haltung. Sowohl in der Rede, wie auch durchaus in der Körperhaltung. Mit dem Ziel den Bewerber dazu zu bringen, selbst das Gespräch zu führen, sich darin und dadurch zu öffnen und als Mensch, als Fach- und Führungskraft zu präsentieren.

Da Recruiter jedoch fast immer zu aktiv sind und einen viel zu hohen eigenen Redeanteil haben, kann man hier viel vom Coaching lernen. Denn Recruiting-Gespräche, in denen die Kandidaten den größeren Redeanteil haben, liefern wenig überraschend die besseren und vor allem authentischeren Ergebnisse und Erkenntnisse.

Es geht bei der Zurückhaltung im Recruiting-Gespräch durchaus auch darum, den Geist über den Körper mitzusteuern und tatsächlich eher eine „Lean back"-Körperhaltung einzunehmen, also ruhig mal in akzeptablem Rahmen nach hinten gelehnt zu sitzen, statt sich mit beiden Ellenbogen auf oder halb über dem Tisch aufzubauen, um so den eigenen Tatendrang zu zügeln – es muss ja nicht in „Lümmeln" ausarten.

Das „Lean Back" hat jedoch nicht nur beim „Lümmeln" eine Grenze, sondern auch in unserer Rolle als aktive Zuhörer. Dies gilt es eingrenzend noch zu vermerken. Denn als Recruiter sollte man immer mal wieder zusammenzufassen – reformulieren – um zu klären, ob man dasselbe meint und verstanden hat. Zusammenfassen und Reformulieren ist etwas anderes als Monologisieren und führt ganz nebenbei dazu, dass sich die Gesprächsteilnehmer wertgeschätzt, weil verstanden, fühlen. Und das ist in einer Zeit, in der die Zuhörkultur nicht gerade Hochkonjunktur hat, auch in einem Recruiting-Gespräch nicht nachteilig für die Gesprächsqualität.

5.5.3 Die systemischen Fragen

Nach dieser Vorrede zu den Parallelen und Potentialen des Coachings zum und für unser New Work Recruiting-Gespräch, lohnt es sich, die sogenannten systemischen Fragen aus dem Coaching als Handwerkszeug auch für ein besseres Fragen im Recruiting zu betrachten.

Systemische Fragen sind im Coaching die niedrigschwelligste Intervention in der Arbeit mit dem Coachee. Sie kommen allein zum Einsatz oder im Rahmen von mehrstufigen Interventionen und helfen, Themen zu hinterfragen oder zu konkretisieren, das Gespräch zu lenken und die Selbstreflexion anzustoßen. Und sie sind ein Paradebeispiel dafür, mit welch einfachen, aber effektiven, Mitteln ein Coachee, oder in unserem Falle dann auch ein Bewerber, zu reflektierten Aussagen geleitet werden kann. Denn übertragen auf das Recruiting, ersparen uns systemische Fragen vor allem auch den immergleichen Vortrag eingeübter Floskeln. Die etabliertesten systemischen Fragen sind die Folgenden:

- **Der Reality Check** hilft verfestigte, einseitige, Wahrnehmungen und Denkmuster zu reflektieren. Oft geht es um eine ganz grundsätzliche Klärung der Selbstwirksamkeit. Die Fragen lauten zum Beispiel: „Ist das wirklich Dein Problem?" oder „Ist dieses Ziel von Dir aus eigener Kraft überhaupt zu erreichen?" Der Reality Check ist auch hilfreich, um aus vermeintlich übergroßen Problemen und Visionen, erst einmal realistische Handlungsperspektiven zu entwickeln.
- **Zirkuläre Fragen** fordern einen Perspektivwechsel, um die Welt aus der Sicht eines anderen zu betrachten. Der Blick „durch die Brille eines anderen" hilft dem Coachee aus seiner subjektiven Perspektive auszubrechen. Zirkuläre Fragen lauten etwa: „Was würde dir ein Experte in dieser Frage wohl raten?" oder wie man dies sicher auch aus dem Recruiting schon kennt: „Was würde Person xy denn über Dich sagen?"
- **Ausnahmefragen** sollen helfen Glaubenssätze und Überzeugungen zu knacken, die einschränkend oder als Problem wirken. Die Frage kann beispielsweise lauten: „Gibt es Situationen, bei denen Du dein Problem nicht hast?" oder „In welcher Situation oder welchem Umfeld hast Du dieses Problem besser meistern können?" Aus den Ausnahmen sollen im Coaching Erkenntnisse für eine Ressourcentransformation von gelingendem Handeln in die Problemsituation gewonnen werden.
- Die **Drivers Question** soll die Eigenverantwortung des Coachees stärken oder für diese sensibilisieren, in dem man den Eigenanteil an einem Geschehen oder einem Problem entlarvt. Eine solche Fragen kann etwa lauten: „Wenn ich dein Problem auch haben möchte, was müsste ich dann tun?" Indem man hinterfragt, wer eigentlich „am Steuer" eines Problems sitzt, deshalb die Metapher des „Drivers", kann es dem Coachee auch gelingen aus einer Opferrolle herauszukommen.
- **Refraiming-Fragen** soll wiederum helfen das Gute im Schlechten zu erspähen beziehungsweise über die Reflexion eines echten oder auch vermeintlichen Problems ein Veränderungsziel kritisch zu hinterfragen. Die Fragen kann zum Beispiel sein: „Was würdest Du verlieren, wenn dein Problem plötzlich weg wäre?" oder auch „Was wäre auch gut, wenn du dein gestecktes Ziel nicht erreichst?"
- **Auswirkungsfragen** sollen wiederum dazu anregen das gesamte „System" in den Blick zu nehmen, um Konsequenzen zu reflektieren und damit handlungsfähig zu bleiben, statt sich Wunschbildern hinzugeben. Eine solche Frage lautet etwa: „Welche konkreten Auswirkungen hat es denn, wenn du, wenn wir, das Problem gar nicht lösen?" oder auch „Welche Auswirkungen

hat es denn für dich, wenn du dein Ziel nun erreichst?" Auswirkungsfragen sind auch immer Zukunftsfragen und damit Ziel- und Lösungsorientiert.

- **Hypothetische Fragen**, oder auch Wunderfragen, sind lösungsorientierte Denkexperimente, die das Denken auf Ziele und gewünschte Zustände lenken. Sie sollen den Horizont erweitern und auch die Kreativität anregen, um neue, noch nicht gedachte, Möglichkeiten zu finden. Man fragt dann beispielsweise: „Wenn du keinerlei Einschränkungen hättest, wie würden deine Lösung oder dein Lösungsweg denn dann aussehen?" Daran anschließend lohnt es auch die Konsequenzen zu beleuchten: „Wenn über Nacht ein Wunder geschieht, was ist denn dann anders für dich?"
- **Paradoxe Fragen** sollen hingegen ganz bewusst widersprüchliche Impulse geben, um festgefahrene Denk- und Verhaltensmuster zu irritieren oder neue Perspektiven zu ermöglichen. Hier darf auch mit Leichtigkeit und Humor agiert werden. Mit paradoxen Fragen kann man ein Problem auch bewusst verstärken, um dadurch neue Einsichten zu gewinnen. Eine solche Frage kann etwa lauten „Was tust Du denn selbst und aktiv, um Dein Problem noch schlimmer zu machen?" oder „Was müsstest Du denn noch tun, um sicherzustellen, dass sich absolut gar nichts verändert?"
- **Unterschiedsbildende Fragen** helfen kleine Veränderungen anzustoßen. Da es im Coaching meist genau darum geht „ins Tun zu kommen", haben diese Fragen eine große Bedeutung. Man fragt dann zum Beispiel, „wenn auf einer Skala von 0 bis 10, die 10 das erreichte Ziel ist, wo stehts Du derzeit?", um dann auch in einer nächsten Sitzung die heute andere, vielleicht positivere, Bewertung zu reflektieren. Denn Probleme sind nie gleich schlimm oder groß.
- **Lösungsorientierte Fragen** erfragen zu guter Letzt wie der Name verrät Lösungen und sind damit eine verlässliche Allzweckwaffe für positives Denken. Sie können etwa lauten: „Welche kleinen Schritte könntest Du schon in den nächsten Tagen unternehmen, um Deinem Ziel näherzukommen?" oder „Was läuft bereits heute wirklich gut, auch wenn es nur ein kleiner Teil ist, und wie könntest Du darauf aufbauen?"

Alle systemischen Fragen helfen also zu reflektieren und vor allem gedankliche Umwege anzustoßen, was sowohl im Coaching wie eben auch im Recruiting-Gespräch hilfreich ist.

Es lohnt sich deshalb einige der systemischen Fragen in die eigene Recruiting-Praxis zu integrieren. Die zirkuläre Frage, die Ausnahmenfrage und die hypothetische Frage sind dabei drei Frageformen, die ich beispielsweise oft und wiederkehrend einsetze und die ich für sehr einfach und anwenderfreundlich für jeden Recruiter, gleich welcher Seniorität und Erfahrung, erachte.

Zirkuläre Fragen, die sicher fast jeder aus dem Recruitingalltag bereits kennt, adressieren einen Perspektivwechsel mit dem Ziel, dass sich ein Bewerber durch die Brille eines anderen beschreibt und einschätzt. Diese „anderen", die wir hinzuziehen und zu deren Gedanken und Meinungen wir unsere Bewerber befragen, sollten im Recruiting-Gespräch bestenfalls jedoch Personen sein, die abseits des beruflichen Alltags eine Rolle spielen und Bedeutung haben. Denn wir alle kennen wohl die Frage nach der Einschätzung des letzten Chefs oder des Kollegen oder Mitarbeiters. Diese Fragen funktionieren zwar auch ganz gut, die meisten Kandidaten haben aber "den Chef" oder „den Mitarbeiter" vorbereitet und man bleibt mit „dem Chef" zudem in einem doch sehr erwartbaren Kontext, zu dem dann auch vor allem sozial erwünschtes zum Besten gegeben wird. Deshalb ist es für das Recruiting-Gespräch hilfreicher etwa den Lebenspartner oder den Sportskamerad als imaginären Dritten zu bemühen. Viele Kandidaten müssen dann trotz der Vorhersehbarkeit der zirkulären Frage an sich, erst einmal nachdenken, reflektieren, und man gelangt zu vielschichtigeren und besseren Antworten und Gesprächsansätzen als, wenn „der letzte Chef" zu Wort kommt. Die zirkuläre Frage produziert erstaunlicherweise auch deshalb meist sehr fruchtbare Antworten, da es Bewerbern interessanterweise relativ leicht fällt eine authentische Antwort zu geben, da sich ja hier gefühlt jemand anderes, eine dritte Person, äußert. Und jemand Drittes muss ja nicht immer recht haben, wieso also nicht einfach mal drüber reden. In sechs von zehn Fällen relativieren Kandidaten dann auch, was ein imaginärer Dritter, da eben gesagt hat. Das ist nicht nur mitunter amüsant, sondern vor allem sehr aussagekräftig und kann zu einer interessanten Diskussion führen. Sehr gut geeignet ist die zirkuläre Frage deshalb übrigens auch bei der Frage nach dem Führungsstil. Indem man um eine Einschätzung bittet, wie sich die Mitarbeiter unseres Bewerbers in einer spezifischen Führungssituation wohl gefühlt haben, erfährt man mitunter mehr, als wenn man ganz allgemein nach einem Führungsstil fragt und Gefahr läuft sich dem immergleichen Märchen von „ich bin halt eher so der Teamplayer-Typ" auszusetzen. Aber dazu noch mehr etwas weiter hinten in diesem Buch.

Mit den für Recruiting-Gespräche ebenso einfach und anwendungsnah adaptierbaren Ausnahmenfragen beleuchtet man im Coaching wie oben schon kurz skizziert Situationen, in denen ein Problem oder eine Herausforderung, an der man gerade arbeiten möchte, explizit auch nicht auftrat oder auftritt. Erkenntnisse und Ableitungen aus diesen gelingenden oder gemeisterten Situationen sollen eine Ressourcenaktivierung und -transformation aus der Ausnahmesituation auch für die Problemsituation erschließen. Übertragen auf Recruiting-Gespräche, kann die Ausnahmefrage zum Beispiel in der Diskussion um Stärken und Schwächen sehr gut dabei helfen eben diese in anderen Lebenswelten abseits „des Jobs" zu beleuchten, da Bewerber hier meist authentischere Antworten geben, als wenn man allgemein nach Stärken und Schwächen im beruflichen Umfeld fragt. Gerade bei der Frage nach den Schwächen kommt sonst gerne mal nicht viel mehr als sozial erwünschter Quatsch wie „meine Schwächen sind Ungeduld und Perfektionismus". Reflektiert ein Kandidat hingegen Situationen abseits der Arbeitswelt, in denen er erfolgreich oder zufrieden oder diplomatisch ist – oder worum es eben gerade gehen soll – hilft dies mitunter sehr aktivierbare Potenziale für das berufliche aufzudecken. Aus der Vermutung der Ressourcentransformation heraus sind dann beispielsweise Bewerber mit einer Leistungssportkarriere auch besonders beliebt, wähnt man doch hinter der Zielstrebigkeit, Disziplin und dem Erfolgshunger im Sport – meist wohl auch zu Recht – Tugenden, die auch dem eigenen Unternehmen im Arbeitsalltag zugutekämen.

Eine weitere Recruiting-taugliche und niederschwellig einsatzbare Ableitung aus dem Coaching bietet die hypothetische Frage oder Wunderfrage. Lösungs- und zukunftsorientiert lautet sie etwa in meiner Praxis und ohne dass ich sonst dem Bäckerhandwerk irgendwie näher stünde: „Wie sähe Dein Job denn aus, wenn Du ihn Dir backen könntest?" Die Antworten darauf haben viel mit den Wünschen für die Zukunft zu tun, etwas das ich „Hinwollen" nenne. Und man kann diese Wunschbilder durch wenige Nachfragen wunderbar dann in viele Perspektiven auffächern, von einer beruflichen über eine persönliche über den Wunsch nach Weiterbildung und persönlicher Entwicklung bis hin zu messbaren, vielleicht auch monetären Zielen und Wünschen. Die hypothetische Frage oder Wunderfrage flankiert oder ersetzt übrigens oftmals auch die meines Erachtens ohnehin in unserer VUCA-Welt müßige, aber verbreitete, Frage nach Fünf-Jahresplänen. Über die Wunderfrage erfahren Recruiter aber nicht nur etwas zum beruflichen „Hinwollen" des Bewerbers, sondern meistens auch direkt als praktischen Beifang, was das rekrutierende Unternehmen denn wohl bieten und leisten muss, damit es für den Bewerber überhaupt passt mittel- und langfristig. Wie bei den meisten der systemischen Fragen, schlagen wir damit zwei Fliegen mit einer Klappe.

Für den Einsatz der systemischen Fragen braucht es jedoch – und wenig überraschend – wie bei allen Fragetechniken etwas Übung. Im Coaching werden die systemischen Fragen auch nicht einfach so „in den Raum gestellt", sie sind meist Teil einer mehrstufigen Intervention oder kommen wohl dosiert dort zum Einsatz, wo sie innerhalb eines Coaching-Prozesses benötigt werden, um einen gedanklichen Umweg anzustoßen oder ein Denkmuster aufzubrechen. Coaching ist mehr als systemische Fragen zu stellen.

Das Potential der systemischen Fragen, und seien es nur die drei oben beschrieben, für das Recruiting als Erweiterung eines Fragen-Repertoires, ist jedoch groß. Systemische Fragen helfen verfestigte Denkmuster zu hinterfragen, aus einer subjektiven Sicht auszubrechen, Glaubenssätze zu knacken, die Eigenverantwortung zu reflektieren, Wunschbilder kritisch zu hinterfragen, lösungsorientiert zu denken oder „ins Tun zu kommen". Und sie sind damit vor allem auch ein probates Mittel gegen eingeübte und stereotype Antworten im Recruiting-Gespräch.

5.5.4 Aufrichtige Neugierde

Zu guter Letzt noch eine grundsätzliche Empfehlung für das Recruiting-Gespräch als Transfer aus dem systemischen Coaching: beim Fragen im Coaching ist es geboten, Rückfragen auch mal bis fast an die Grenze des „auf den Geist-Gehens" zu stellen und am Ball zu bleiben, bis man ein wirkliches Verständnis für ein Problem, ein Ziel und füreinander gewonnen hat. Coaches „drangsalieren" ihre Coachees mitunter geradezu mit einem wiederkehrenden „noch was", um wieder und immer wieder zu hinterfragen, ob noch etwas im Hinterkopf rumschwirrt. Denn gerade vermeintliche Nebensachen, denen bisher keine Bedeutung beigemessen wurde, haben das Potenzial als kleine Rädchen im System dieses in Gang zu bringen.

Aktives Zuhören und eine neugierige Nachfragerei sollten auch unser Mindset als Recruiter mitbestimmen. Über hartnäckiges Nachfragen an nur ein bis drei Themen „hängen zu bleiben" und diese tiefer zu ergründen ist dann auch erlaubt, denn auch hier ist weniger mehr. Wenige Themen zu vertiefen, ist immer effizienter als Frage-Antwort-Frage-Antwort-Spielchen zu spielen, in denen Recruiter versuchen sechsundzwanzig Themen und Sachverhalte zu besprechen.

5.6 Führungskompetenzen ergründen

Eine besondere Herausforderung im Recruiting-Gespräch ist es die Führungskompetenzen eines Kandidaten wirklich zu ergründen. Denn meistens bekommt man selbst von erfahrenen Führungskräften nicht mehr zu Gehör als die üblichen Slogans wie „ich bin eher so der Teamplayer" oder „ich versuche halt, jeden Mitarbeiter individuell zu fördern".

Eine wirklich reflektierte und strukturiert dargelegte Sicht auf die Führungskompetenz und -kapazitäten höre ich in meinem Beraterallltag dementsprechend auch leider nur von maximal 5 Prozent aller Kandidaten. Das mag in meiner Branche, dem Sportbusiness, vielleicht auch am Peter(chen) Prinzip liegen, vor allem aber wohl daran, dass in KMU's, die den organisierten Sport und seine

Wertschöpfungskette nun mal prägen, weitgehend autodidaktisch geführt werden muss und darf, man unterproportional in die Weiterbildung investiert und es auch selten Feedback-Prozesse gibt, die auch Bottom Up, also vom Mitarbeiter zum Chef, oder auf gleicher Ebene Führungskräfte bewerten und dann entwickeln und so das System des autodidaktischen „Führens" herausfordern.

Schlechte Führung anzuprangern, wirkt nun zwar oftmals wie pauschales „Chef-Bashing", so wie man eben pauschal das Kantinenessen doof findet oder über die deutsche Bahn motzt, inwiefern eine Führungskraft jedoch in der Lage ist, andere Menschen individuell und in der Gruppe gesund und motiviert zu guter Leistung zu befähigen, ist essentiell für eine Volkswirtschaft im Wandel und in Zeiten neuer Erwartungen an Arbeit. Und schlechte Führung wirkt sich wie weiter oben schon beklagt eben gerade in der hybriden Arbeitswelt unmittelbar auf die Leistung der Mitarbeiter, die Effizienz aller Prozesse und damit auf die Ergebnisse des Unternehmens aus.

Deshalb sollten wir in allen Recruiting-Gesprächen mit Führungskräften viel mehr und konstruktiv-kritischer über Führung sprechen, auch wenn es den Beteiligten manchmal schwerfällt. Das Schwerfallen aufzulösen, handhabe ich deshalb mit einer „Schältechnik", um von „außen nach innen" und entlang von vier Perspektiven, um Führung zu beschreiben und Führungskompetenz zu hinterfragen. Diese vier Perspektiven sind:

- die **Referenzen**, die Leadership-Vita und die Erfahrungen als Führungskraft im Laufe einer Karriere
- dabei etablierte und wiederkehrend angewandte **Routinen**
- die tatsächlichen **Methoden** der Personalführung
- und die **Philosophie** – sofern ein Bewerber überhaupt so weit kommt

Will man die Führungskompetenzen einer Person erforschen und verstehen, ist es meines Erachtens also zunächst einmal sinnvoll, mit den ganz praktischen Erfahrungen und Referenzen anzufangen. Die hat meist noch jeder parat, und man erfährt trotzdem schon ganz viel, ohne sich bereits das Geschwätz vom „Teamplayer" und „Mitarbeiter-orientierten Typ" anhören zu müssen, den dann doch wenige mit Leben, also mit Beispielen und echter Leadership-Expertise, füllen können. Man klärt also zunächst, wie groß zum Beispiel die Teams waren, die ein Bewerber schon geführt hat oder seit wie vielen Jahren der Kandidat schon in einer Führungsrolle ist, ob er in seiner Rolle Einstellungen, Aus- und Freistellungen vorgenommen hat, ob der Kandidat schon mal eine kleinere oder größere Organisation auf- oder umbauen musste oder durfte und wie eng etwa auch die Zusammenarbeit mit den Personalabteilungen und Businesspartnern war oder ob vielleicht auch mal der Betriebsrat oder ein Arbeitsrechtler involviert werden musste. Kennt man diese „Vita", weiß man oft schon halbwegs Bescheid, wie erfahren oder geschult ein Kandidat als Führungskraft schon ist – ganz egal, ob wir hier schon ahnen, hoffen oder befürchten, ob er auch geeignet ist. Und so gewinnen wir ganz nebenbei auch Erkenntnisse darüber, ob der in dem CV beispielsweise genannte „Director" eigentlich gerade mal erste Personalverantwortung für kleine Teams hatte oder ob unser „Direktor" hier bereits die zweite Hierarchieeben unter dem Management bekleidet und ein Dutzend Abteilungsleiter führt. Gerade bei jüngeren Führungskräften, empfehle ich zudem einmal zu erfragen, aus welcher Situation heraus ein Bewerber erstmals zum Chef befördert wurde und wie er damit umgegangen ist. Oftmals wird man ja vom Kollegen zum Chef, was interessante und durchaus herausfordernde Konstellationen nach sich zieht.

Erst dann lohnte es sich über so etwas wie echte Routinen der Führung zu sprechen. Mit Routinen meine ich beispielsweise wie eine Führungskraft Führung überhaupt organisiert. Macht unser Bewerber etwa Einzel- oder Team-Jour-fixes, führt er Feedbackgespräche, Jahresgespräche oder trifft Zielvereinbarungen, ist er Mentor oder Coach – mit oder ohne Support der HR Business Partner oder eventuell auch eines Ausbilders? Mit Routinen sind aber auch Aspekte der Führung und Zusammenarbeit wie eine offene Tür oder eine Duz-Kultur gemeint. Und auch die Handhabung der eigenen Erreichbarkeit kann eine Routine sein, die viel über die Führungskraft aussagt.

Oftmals kommt man im Recruiting-Gespräch dann aber gar nicht über die Diskussion einer bis dahin aus Vita und Routinen skizzierten Führungsexpertise hinaus. Zur Ehrenrettung vieler Leadership-Autodidakten sei aber eingeräumt, dass auch die Recruiter und rekrutierenden Führungskräfte oftmals nicht viel mehr Tiefgang beweisen, wenn Kandidaten den Spieß einmal umdrehen und zum Beispiel nach der Führungskultur und den Routinen fragen, die sie bei ihrem potentiell nächsten Arbeitgeber erwarten dürfen.

Bei allen, die aber zu den Routinen noch Hörenswertes beitragen konnten, lohnt es sich dann etwas intensiver nach den Führungsmethoden oder -instrumenten zu fragen. Damit meine ich alles, was über das Organisatorische hinaus die inhaltliche Ausgestaltung der Förderung, Forderung, Anleitung und Entwicklung von Mitarbeitern beschreibt. Mit vielen Bewerbern kann man dann beispielsweise zumindest über „DISG", den „Gallup Strengthsfinder", OKR's oder vielleicht auch Scrum sprechen und man erfährt so, ob es so etwas wie eine Technik für den Umgang mit Führungsinstrumenten gibt, die dabei helfen Personalführung systematischer und strukturierter zu gestalten – meist zum Wohle der Mitarbeiter aber mindestens auch dienlich für die Effizienz und Planbarkeit von Führung.

Definitionssache

„DISG" bezeichnet einen Persönlichkeitstest, der auf einer Selbsteinschätzung über Fragebögen beruht. Mittels vier Grundtypen der Persönlichkeit soll der Bewerber in den Kategorien dominant, initiativ, stetig und gewissenhaft eingeschätzt werden, wobei jeder Mensch in unterschiedlichen Ausprägungen mehrere dieser Typen in sich trägt. Niemand ist z.B. nur dominant oder nur gewissenhaft.

Der „Gallup Strengthsfinder" identifiziert wiederum individuelle Stärken, über deren Kenntnis man Einzelpersonen aber auch Teams bedarfsgerecht und stärkenorientiert führen oder einsetzen kann.

Das Management über OKRs (objectives and key results) soll vor allem dabei helfen über klare und vor allem messbare Ziele zu führen.

Und Scrum ist eine agile Methode für Projekt- und Teamarbeit, in der mit festen Rollen in sogenannten Sprints und regelmäßigen Meetings die Zusammenarbeit orchestriert wird. Scrum ist weniger eine Führungstechnik als eine Technik und Prozessordnung der Zusammenarbeit.

Bewerber, die bis hierher aussagefähig sind – mit welcher Methode oder welchem Instrument auch immer sie geführt haben mögen – können dann meistens das, was andere noch mit „Mitarbeiterorientiert" oder „bin halt ein Teamplayer" improvisierend umschreiben, gut reflektieren und mit Leben füllen. Das ist dann oft schon mehr als die halbe Miete.

Fragt man in einem letzten Schritt dann noch nach einer Führungsphilosophie oder einem eigenen -stil, kommen zwar oftmals auch eher nur die Wikipedia-Definition dessen, was Bewerber für transformationale, oder charismatische Führung[78] halten. Darum geht es aber dann meist gar nicht mehr. Denn wer bis hier in einem Recruiting-Gespräch reflektiert und mit guten Beispielen aus der eigenen Karriere als Führungskraft in der Diskussion geblieben ist, hat bereits meistens so etwas wie einen Stil skizziert und kann in der Regel auch sehr gut erläutern, aus welchen Werten heraus und mit welchen Zielen er führt. Fragt man jedoch gleich zu Beginn nach „einem Führungsstil", kommt selten etwas substantielles heraus. Deshalb der Umweg von „außen nach innen" von der deskriptiven, chronologischen Vita bis zum Stil und der Philosophie.

Und jedwede Erzählung über Führung sollte immer mit konkreten Beispielen aus der jüngeren Praxis unterlegt werden. Nur so knackt man die oft theoretischen Ausführungen über das, was „man" so tut und getan hat, und ergründet was Wunschdenken und was Realität war in den Darstellungen des Bewerbers.

Das oben skizzierte Vorgehen und Fragen von „außen nach innen" funktioniert übrigens auch bei Nachwuchsführungskräften, die zwar meist nur aus der Erfahrung erlebter (oder erlittener) Führung eine eigene Vorstellungen ihres Führungsstils entwickelt haben, aber auch diese ist meistens belastbar, wenn man sie gründlich hinterfragt.

78 Zu Führungsstilen, Vgl. Rose, N.: Arbeit besser machen – Positive Psychologie für Personalarbeit und Führung. Haufe (2024)

Und ganz grundsätzlich sei noch ergänzt, dass in unserer heutigen Arbeitswelt und ganz sicher in der von Morgen und Übermorgen natürlich ein partizipativer Führungsstil auf der Basis von Vertrauen und Mitbestimmung wohl das Mittel der Wahl ist. Gerade weil Führung nach diesen Prinzipien eine Kultur der offenen Kommunikation, Fehlertoleranz und Eigenverantwortung fördert, die am Ende auch Resilienz und Vertrauen stärkt. Und beides ist wohl mehr denn je wichtig. Nicht nur in den ganz großen Krisen, sondern auch schon im individuellen und alltäglichen „remote-work-Wahnsinn".

Take Aways dieses Kapitels für die Pinnwand

- ☐ „Wenn du eine weise Antwort verlangst, musst du vernünftig fragen". Es lohnt deshalb über Inhalte und die Art und Weise des Fragens im Recruiting-Gespräch über das hinaus nachzudenken, was ein Fragenkatalog aus der HR-Abteilung oder von Google einem so auflistet. Denn nur gute Fragen regen die Selbstreflexion von Kandidaten an, die wir brauchen, um ein authentische Recruiting-Gespräch auf Augenhöhe zu führen, das mehr Preis gibt als Floskeln und eingeübte Standardantworten.
- ☐ Gute Recruiting-Fragen sind immer auch offene Fragen. Und es ist im Recruiting-Gespräch zielführender, lösungs-orientiert in die Zukunft zu schauen, anstatt immer und immer wieder im CV und in den Stationen von vorgestern zu wühlen und Probleme der Vergangenheit zu besprechen.
- ☐ Die sogenannten Personalerfragen sind meist gute Fragen für ein strukturiertes Recruiting-Gespräch, es reichen jedoch ganz wenige ausgewählte davon aus, wenn man sie dosiert einsetzt und mit aktivem Zuhören und Nachfragen flankiert. Die immergleichen „Top 10" Personalerfragen ohne Bezug zu den drängenden und Kandidaten-individuellen Fragstellungen dabei zu haben, verhindert echte Gespräche und ein Kennenlernen.
- ☐ Aus dem Coaching kann man viel für das Recruiting lernen und ableiten. Der aus dem systemischen Coaching stammende Grundsatz der Hilfe zur Selbsthilfe als Hilfe zur Selbstreflexion ist dabei zentral. Ebenso wie die Haltung und Zurückhaltung als Coach und Recruiter. Die systemischen Fragen liefern als einfache Interventionen wertvolle Impulse für ein besseres Fragen im Recruiting-Gespräch.
- ☐ Führungskompetenzen im Recruiting zu erfragen ist häufig schwierig. Fragt man sich jedoch „von außen nach innen" – von der operativen Leadership-Vita, über Routinen der Führung, bis zu den Methoden und Instrumenten und zu einer Philosophie der Führung – gelingt es besser und ohne, dass man sich die Mär vom „Teamplayer" und „Mitarbeiter-orientierten Typen" anhören muss, die Eignung eines Bewerbers als Führungskraft zu ergründen.

6 Nachwort und Dankeschön

Diesem Buch liegt die Überzeugung zu Grunde, dass Recruiting-Gespräche in einer neuen Arbeitswelt mit anderen Erwartungen an Arbeit und mit einem veränderten Kräfteverhältnis zwischen Arbeitgebern und Arbeitnehmern, keine einseitigen Interviews oder aussortierenden Vorstellungsgespräche mehr sein dürfen, in denen man sich den Lebenslauf vorliest und Bewerber die Top Ten der Personalerfragen beantworten. Mir geht es mit diesem Buch deshalb vor allem darum eine neue Gesprächskultur im Recruiting zu initiieren. Dieses Buch soll dafür einen Impuls geben und ein pragmatisches „ins Tun zu kommen“ für bessere New Work Recruiting-Gespräche ermöglichen.

Über einen Dialog, Feedback, Anregungen und konstruktive Kritik aus den Reihen der Leserschaft freue ich mich. Gerne direkt über die Kontaktmöglichkeiten auf meiner Webseite www.summit-personal-marketing.de.

Ein Dankeschön möchte ich außerdem allen Gesprächspartnern der letzten gut fünfundzwanzig Jahre sagen, mit denen ich als Recruiter lernen und wachsen durfte. Der Dank gilt dabei insbesondere auch den vielen rekrutierenden Personalern, Fach- und Führungskräften meiner Mandanten, die in den letzten knapp zehn Jahren mit mir bemüht waren, die besten Kandidaten zu rekrutieren. Die oder der ein oder andere findet sich vielleicht in diesem Buch wieder – zitiert, gelobt, kritisiert oder ertappt. All jene, auf die das zutrifft, bitte ich um Verständnis und Nachsicht. Denn weder ist es mein Ziel jemanden bloßzustellen, noch maße ich mir an aus der Distanz heraus zu Schlaumeiern. Vielmehr durfte ich mir oftmals von meinen Mitrekrutierenden etwas abschauen und von ihnen lernen.

Danken möchte ich vor allem auch meiner Frau Laura und meinen Söhnen Mats und Wim, die mich Tag für Tag in meinem mitunter volatilen Beraterdasein unterstützen.

Außerdem gehen gute Erinnerungen und ein Dank an eine Mentorin meiner Selbstständigkeit als Personalberater, die leider nicht mehr da ist – danke auch Dir, Kitti.

Dreieich bei Frankfurt im Dezember 2025

 | https://doi.org/10.1515/9783112230541-006

7 Anhang

7.1 Checkliste Organisatorisches

„Basics professionell und achtsam abzuliefern ist die Pflicht, nicht die Kür."

Einladung:

- ☐ Einladung des Kandidaten per E-Mail und telefonisch
- ☐ Ort, Zeit und Dauer an alle Teilnehmer kommuniziert
- ☐ Anfahrtsbeschreibung inkl. Zugang, Parkplatz, ÖPNV, Kosten kommuniziert
- ☐ Reisekostenübernahme definiert und kommuniziert
- ☐ Single Point of Contact (SPOC) und Ansprechpartner am Anreisetag definiert
- ☐ Erreichbarkeit des SPOC am Tag des Gesprächs sichergestellt

Internes:

- ☐ Akkreditierung, Zugang und Parkplatz reserviert
- ☐ Unterlagen an alle Teilnehmer mit Vorlauf verteilt
- ☐ Empfangspersonal informiert
- ☐ diskrete Empfangssituation organisiert
- ☐ Abholer, SPOC, definiert

Raum und Logistik:

- ☐ Adäquater Raum gebucht inkl. Vor- und Nachlaufzeit reserviert (mind. 15 Minuten)
- ☐ Licht, Luft/Klima, Sauberkeit gecheckt
- ☐ Catering (mindestens Getränke) bestellt
- ☐ Präsentationstechnik vorhanden, geprüft, einsatzbereit
- ☐ Konferenztechnik vorhanden, geprüft, einsatzbereit
- ☐ Bestuhlung gecheckt, für Recruiting-Gespräche optimiert
- ☐ Schreibwaren und Informationsmaterial bereitgestellt

Gespräch:

- ☐ Rollen aller Teilnehmer definiert – nur vorbereitete Teilnehmer
- ☐ Ansprache Du oder Sie geklärt
- ☐ Ziele des Gesprächs vereinbart und kommuniziert (nach Prozessfortschritt)
- ☐ Ablauf und Agenda definiert

 | https://doi.org/10.1515/9783112230541-007

- ☐ Protokollant bestimmt und Protokollvorgaben verteilt
- ☐ Nächste Schritte vereinbart
- ☐ Details des Arbeitsvertrages festgelegt
- ☐ Möglichkeit einer Büroführung geklärt
- ☐ SPOC für Rückfragen und die weitere Korrespondenz definiert

7.2 Checkliste Protokolle

„Standardisierung führt zur Objektivierung."

Protokollkopf:

- ☐ Datum und Uhrzeit:
- ☐ Raum und Ort:
- ☐ Zu besetzende Position:
- ☐ Nach- oder Neubesetzung:
- ☐ Veränderungsbedarfe und Ziel der Stellenbesetzung:
- ☐ Kandidat:
- ☐ Recruiter und Teilnehmer intern:

Ziele des Recruiting-Gesprächs:

- ☐ Ergebnisziel des heutigen Gesprächs:
- ☐ Was wird heute NICHT besprochen:

Fragen:

- ☐ Offene – fachliche – Fragen zum CV:
- ☐ Fragen des Kandidaten:
- ☐ Reflexions- und Personalerfragen:

Protokoll:

- ☐ Gesamteindruck (Auftritt, Stil, Zugewandtheit, Souveränität,...):
- ☐ Fachliches (mit Scoring * bis *****)
  - ☐ Kategorie 1:
  - ☐ Kategorie 2:
  - ☐ Kategorie 3:
  - ☐ Kategorie 4:
  - ☐ Kategorie 5:

- ☐ Kultureller Fit
  - ☐ Team:
  - ☐ Unternehmen:
- ☐ Komplementäre Stärken zum Team:
- ☐ Herausforderungen fachlich:
- ☐ Herausforderungen kulturell:

Arbeitsvertrag:
- ☐ Gehaltsvorstellung Fixum:
- ☐ Gehaltsvorstellung variable Gehaltsbestandteile:
- ☐ Kündigungsfrist und frühester Starttermin:
- ☐ Standort, Wohnort und Umzug:
- ☐ Remote Work und hybride Arbeit:

Sonstiges:
- ☐ Offene Fragen:
- ☐ Nächste Schritte (wer, was, wann):
- ☐ SPOC für den Kandidaten und weiteren Prozess:

Case Study (optional):
- ☐ Form:
- ☐ Präsentation:
- ☐ Inhalt
  - ☐ Aufgabe erfüllt:
  - ☐ Qualität und Werktiefe:
  - ☐ Plausibilität:
  - ☐ Kreativität und Innovation:

8 Literatur

8.1 Literatur

Aaker, D. A: Building Strong Brands. Free Press, New York (1996)
Bergmann, Frithjof: On Being Free. University of Notre Dame Press (1977)
Braun, Konrad: Wer fragt, der führt. Fischer Consultings (2020)
Bruce, A.; Jeromin, C.: Agile Markenführung: Wie Sie Ihre Marke stark machen für dynamische Märkte, Springer Fachmedien (2016)
Esch, F.R.: Strategie und Technik der Markenführung, 9. Auflage, Vahlen (2018)
Dobelli, R.: Die Kunst des klaren Denkens, Hanser Verlag (2011)
Domsch, M. E., Ladwig, D. H., & Weber, F. C.: Vorurteile im Arbeitsleben: Unconscious Bias erkennen, vermeiden und abbauen. Springer Gabler (2019)
Dorsch – Lexikon der Psychologie. Hogrefe (2021)
Hantmann-Willmes, Bettina: Remote Positive Leadership. Haufe (2022)
Hofmann, Eberhardt: Einstellungsgespräche erfolgreich führen. Springer Gabler (2015)
Kapferer, J.N.: The New Strategic Brand Management: Advanced Insights and Strategic Thinking, Kogan Page (2012)
Kästner, Erich: Kurz und bündig. Atrium Verlag Zürich (1950)
Lopez, Shane J.; Snyder, C. R.: The Oxford Handbook of positive Psychology. Oxford University Press (2009)
Meffert, H.; Burmann, C: Identitätsorientierte Markenführung – Grundlagen für das Management von Markenportfolios, Verlag Wissenschaftliche Gesellschaft für Marketing und Unternehmensführung (1996)
Peter, Laurence J. & Hull, Raymond: The Peter Principle. William Morrow & Co. (1969)
Rose, Nico: Arbeit besser machen – Positive Psychologie für Personalarbeit und Führung. Haufe (2024)
Schuler, Heinz: Das Einstellungsinterview. Hogrefe (2017)
Seligman, Martin: Authentic Happiness. Nicholas Brealey (2002)
Seligmann, Martin: Flourish. Atria (2011)
Stahl, Stefanie: Das Kind in dir muss Heimat finden. Kailash (2015)
Watzlawik, Paul; Beavin, Janet H.; Jackson, Don D.: Menschliche Kommunikation – Formen, Störungen, Paradoxien. Hogrefe, 13. Auflage (2017)
Wehrlin, Ulrich: Positive Leadership. Optimedien (2014)
Zednik, Andrea; Strebinger, Andreas: Marken-Modelle der Praxis. Gabler Edition Wissenschaft (2002)

8.2 Artikel und Publikationen

AOK Bundesverband, Universität Bielefeld & Beuth Hochschule für Technik: aus der Pressemitteilung zu den Ergebnissen des Fehlzeiten-Reports 2018. Abgerufen im Juni 2025 unter www.pressepor tal.de/pm/8697/4051860?
Bath, Johanna: Verpflichtende Büroquote. Zeitschrift für Arbeitswissenschaft, Vol. 79, ab Seite 234 (2023)

 | https://doi.org/10.1515/9783112230541-008

Bloom, Nicholas; Han, Ruobing; Liang, James: How hybird working from home works out, erschienen im National Bureau of Economic Research (NBER) Working Paper No. 30292 (Juli 2022 (zitiert aus dem Abstract auf S. 1))

Biemann, Torsten; Weckmüller, Hendrik: Generation Y: Viel Lärm um fast nichts. Personal Quarterly Jahrgang 65, Heft 1, Seite 46–49 (2013)

Brickwede, Wolfgang: Recruiter & KI: Auslaufmodell oder Superkraft der Zukunft? ICR Institute for competitive Recruiting. Abgerufen auf www.hr-innovation.htwk-leipzig.de/fileadmin/portal/m_hr-innovation/ab_2022/KI_und_Recruiting_Wolfgang_Brickwedde.pdf im Januar 2025

Business Insider (Redaktion): So viele Unternehmen in Deutschland bieten die Vier-Tage-Woche an, publiziert auf businessinsider.de am 30.12.2024, Redaktion Business Insider und Wirtschaftswoche (2024)

Costanza, David P. et al.: Generational Differences in Work-Related Attitudes: A Meta-Analysis. Journal of Business and Psychology Band 27, Heft 4, Seiten 375–394 (2012)

Demicheli, Marco; Wefrli, Franziska: Blog-Beitrag auf HRPraxis.ch: Online Bewerber-Recherchen, was ist erlaubt, was nicht? Abgerufen auf www.hrpraxis.ch/2024/09/online-bewerber-recherchen-was-ist-erlaubt-was-nicht.html im Oktober 2024

Deutschlandfunk Kultur: www.deutschlandfunkkultur.de/42-stunden-woche-rente-michael-huether-100.html, Podcast mit Hüther, Michael – Direktor des Instituts der Deutschen Wirtschaft, abgerufen im August 2025

Esch, Franz.-R. & Esch, Dennis: Markensteuerrad; esch-brand.com/wissen/glossar/markensteuerrad , abgerufen im September 2025

EU AI Act Compliance Checker Test auf www.artificialintelligenceact.eu. Abgerufen im Oktober 2025

Fernald, John G.; Goode, Edward.; Li, Huiyu; Meisenbacher, Brigid: Does Working from Home Boost Productivity Growth? Erschienen in der Publikationsreihe FRBSF Economic Letter, Nr. 2024–02 (16. Januar 2024)

Fukuyama, Francis: The End of History? The National Interest (1989) & The End of History and the Last Man. Erschienen bei Free Press (1992)

Gabler Wirtschaftslexikon: Assessment Center www.wirtschaftslexikon.gabler.de/definition/assessmentcenter-2975; abgerufen im September 2025

Gielgen, Raphael: Der Einzelschreibtisch hat ausgedient. Erschienen in The Red Bulletin Innovator (Ausgabe 01/2018)

Hardwig, Thomas: Hybrid Work – Wie lässt sich eine Schwächung der Teamarbeit vermeiden? Zeitschrift für Arbeitswissenschaft, Jahrgang / Heft: Band 78, Heft 3 (2024)

Harter, Jim: The New Challenge of Engaging Younger Workers. Publiziert auf Gallup.com. Abgerufen im Januar 2005

KI-Verordnung der EU – Art. 4 KI-VO auf den offiziellen Seiten der EU unter www.eur-lex.europa.eu/legal-content/DE/TXT. Abgerufen im März 2025

Landeszentrale für politische Bildung Baden-Württemberg: Die Hartz-Gesetze. Erschienen auf www.lpb-bw.de/hartz-gesetze, abgerufen im September 2025

Lies, Jan (Prof., Dr.) mit Definitionen zum Employer Branding im Gabler Wirtschaftslexikon unter wirtschaftslexikon.gabler.de/definition/employer-branding-53538? Abgerufen im September 2025

Lott, Yvonne; Windschneid, Eike: 4-Tage-Woche: Vorteile für Beschäftigte und betriebliche Voraussetzungen für verkürzte Arbeitszeiten. Herausgegeben vom WSI (Wirtschafts- und Sozialwissenschaftliches Institut) im Auftrag der Hans-Böckler-Stiftung – WSI-Policy Brief Nr. 79 (2023)

Markgraf, Dominik (Prof. Dr.), Definition der Markenpositionierung, Gabler Wirtschaftslexikon online, abgerufen unter wirtschaftslexikon.gabler.de/definition/markenpositionierung im Oktober 2025
Merheim, Marcus: Employer Branding: So meistert HR Algorithmus und Empathie, auf personalwirtschaft.de; abgerufen im Dezember 2025 unter https://www.personalwirtschaft.de/news/recruiting/employer-branding-so-meistert-hr-algorithmus-und-empathie-198619
Mercer & St. John's University New York: Whitepaper. Strategic AI adoption in talent acquisition today (2024)
Parry, Emma; Urwin, Peter: Generational categories: A broken basis for human resource management research and practice. Human Resource Management Journal, Band 31, Heft 4, Seite 857–869 (2021)
Schröder, Martin: Der Generationenmythos. Kölner Zeitschrift für Soziologie und Sozialpsychologie. 70(3), S. 469–494. (2018)
Schröder, Martin (Prof. Dr.) im Journal of Business and Psychology: Work Motivation Is not generational but depends on age and period. 39(4), 897–908 (2023)
Spiegel Online: www.spiegel.de/wirtschaft/mannesmann-prozess-ackermann-rechtfertigt-millionenpraemien-a-446074.html, abgerufen im Juni 2025
Stiens, Philipp: Blog-Beitrag Der XING Arbeitsmarktreport 2025 – Recruiting am Limit? Abgerufen auf recruiting.xing.com im September 2025
The EU Artifial Intelligence Act; unter www.artificialintelligenceact.eu; abgerufen im Dezember 2025
Tillmann, Klaus-Jürgen: Pisa & Co – eine kritische Bilanz; abgerufen unter www.bpb.de/themen/bildung/dossier-bildung/208550/pisa-co-eine-kritische-bilanz im Mai 2025
Weber, Enzo; Hellwagner, Timon: Generation Z – noch ein Klischee weniger. Erschienen im IAB-Forum, dem online-Magazin des Instituts für Arbeitsmarkt- und Berufsforschung am 17. Februar 2025
Wikipedia: de.wikipedia.org/wiki/Ende_der_Geschichte, abgerufen im Oktober 2025
Wikipedia: www.de.wikipedia.org/wiki/Elchtest, abgerufen im Mai 2025
Wikipedia: www.de.wikipedia.org/wiki/Hilmar_Kopper, abgerufen im Juni 2025
Wikipedia: www.de.wikipedia.org/wiki/Rolf-Ernst_Breuer, abgerufen im Juni 2025
Wikipedia: www.upload.wikimedia.org/wikipedia/commons/6/65/Cognitive_bias_codex_en.svg ; abgerufen im Februar 2025
X.com: Post von Carsten Maschmeyer https://x.com/maschmeyer/status/1986009075532874088. Abgerufen im Dezember 2025

8.3 Studien, Umfragen & Reports

ADP Research Institute: People at Work 2024: A Global Workforce View (2024)
Boston Consulting Group (BCG) The Network & The Stepstone Group. Decoding Global Talent 2024: How Work Preferences Are Shifting in the Age of GenAI. Online–Umfrage (Oktober–Dezember 2023) Abgerufen auf www.bcg.com/publications/2024/how-work-preferences-are-shifting-in-the-age-of-genai im November 2024
Continental: Umfrage Generation Z (2023)
Forsa & Xing SE: Wechselwilligkeitsstudie 2024. Abgerufen unter recruiting.xing.com/de/downloads/forsa-wechselbereitschaftsstudie-2024 im August 2025
Gallup.com: State of the Global Workplace Report. (06/2023). Erschienen auf gallup.com im Februar 2025

Gallup.com: CliftonStrengths, www.gallup.com/cliftonstrengths/de . Abgerufen im Mai 2025
Gallup.com: Gallup Engagement Index Deutschland 2024 (2025)
Intraprenör & Universität Münster: Die 4-Tage-Woche in Deutschland: Erste Ergebnisse des deutschen Pilotprojekts zur Arbeitszeitreduzierung., veröffentlicht von der Universität Münster (2024)
Index Research: Recruiting-Report 2024: KI & Employer Branding (2024)
iu Internationale Hochschule: KI im Recruiting: Emotionen, Ansichten, Erwartungen (2022) – S. 19 ff – abgerufen unter www.static.iu.de/studies/202203_KI_im_Recruiting_Whitepaper.pdf im Juli 2025
Kienbaum Consultants International GmbH & kununu: Benefits Survey 2020 – Arbeitgeberattraktivität durch Benefits und flexible Arbeitsbedingungen (2020)
KOFA & meinestadt.de: Teilzeit ist ein Teil der Lösung (2024)
KPMG: CEO Outlook 2024
LinkedIn: Future of Recruiting 2024
Microsoft WorkLab: Work Trend Index: Great Expectations – Making Hybrid Work work (2022). Abgerufen auf mircosoft.com im Mai 2025
Owl Labs: Stat of hybrid work – global report (2023), abgerufen auf owllabs.eu im Juni 2025
Personio: HR Insights Report (2025)
Shell Deutschland & Beltz Juventa: 19. Shell Jugendstudie 2024 (2024)
Schnetzer, Simon, Hampel, Klaus & Hurrelmann, Klaus: Trendstudie Jugend in Deutschland – 2023 mit Generationenvergleich. Datajockey Verlag Kempten (2023)
StepStone: Gehaltsreport 2023
Studydrive GmbH: Karrierestudie 2024. Abgerufen im Mai 2025 unter https://business.studydrive.net/studydrive-karrierestudie-2024
The Stepstone Group und YouGov: Umfrage zum Acht–Stunden–Tag: Drei Viertel der Beschäftigten wollen selbst entscheiden, wann sie arbeiten, abgerufen im September 2025 auf www.stepstonegoup.com//deutsch/newsroom/pressemitteilungen
Xing/New Work SE: XING Arbeitsmarktreport 2024 – Einblicke, Fakten & mehr! (2024)
Xing/New Work SE & Trendbüro München: XING Future Work Report 2025, zitiert aus der Pressemitteilung vom 09. Januar 2025

9 Über den Autor

Steffen Busch, geb. 1975, blickt auf eine über 25-jährige Laufbahn als Manager, Führungskraft und Berater in der Sport- und Medienbranche zurück. Nach seinem Studium der Sportökonomie in Bayreuth und Nottingham war er zunächst als Produktmanager bei der T-Online International AG tätig. Es folgten weitere Stationen als Marketingleiter beim Fernsehsender DSF und als Teamleiter Sportsponsoring beim Energieunternehmen EnBW, bevor er 2013 in die Rolle des Leiters strategisches Marketing zur Deutschen Fußball Liga wechselte.

Im Jahr 2016 gründete er das Beratungsunternehmen Summit Sportmarketing, das seit 2023 unter dem Markennamen Summit Personalmarketing firmiert. 2022 erwarb er die Zertifizierung zum systemischen Coach.

Neben der Beratung als Personalberater und Unternehmensentwickler ist Steffen Busch als Coach, Mentor und Karriereberater für Fach- und Führungskräfte tätig, gibt Workshops rund um die Themen Recruiting und Employer Branding und doziert zum Thema „New Work und New HR“ an der Universität Bayreuth, wo er zudem ehrenamtlich als wirtschaftlicher Beirat engagiert ist.

Steffen Busch lebt mit seiner Familie in Dreieich bei Frankfurt am Main.

https://www.summit-personal-marketing.de/

 | https://doi.org/10.1515/9783112230541-009

www.ingramcontent.com/pod-product-compliance
Lightning Source LLC
LaVergne TN
LVHW010836120826
845149LV00017B/1472